学习的逻辑

中学生高效学习策略体系

叶修◎著

中信出版集团 | 北京

图书在版编目（CIP）数据

学习的逻辑：中学生高效学习策略体系 / 叶修著
. -- 北京：中信出版社，2020.10（2022.7 重印）
ISBN 978-7-5217-2211-6

I. ①学… II. ①叶… III. ①中学生－学习方法
IV. ①G632.46

中国版本图书馆 CIP 数据核字（2020）第 169510 号

学习的逻辑：中学生高效学习策略体系

著　　者：叶　修
出版发行：中信出版集团股份有限公司
（北京市朝阳区惠新东街甲 4 号富盛大厦 2 座　邮编　100029）
承 印 者：河北鹏润印刷有限公司

开　　本：880mm × 1230mm　1/32　　印　　张：10　　字　　数：200 千字
版　　次：2020 年 10 月第 1 版　　印　　次：2022 年 7 月第 12 次印刷
书　　号：ISBN 978–7–5217–2211–6
定　　价　45.00 元

中考
高效学习
压轴题
985
211
学习策略
数学
双一流
物理
思维方法
作文
英语
生物
阅读理解
高效记忆

目　录

6
5
4
3
2
1

自 序

策略红利

什么样的中学生能够取得好成绩呢？这个问题的答案一直在变化。

几十年前，中国的教育开始缓慢地复苏，大家对教育的重视程度和焦虑程度都没有现在这么高，很多中学生不知道教育的重要性，有些老师也缺乏教育方法，甚至学科基本功都不深厚。整个教育市场上，配套措施不足，教辅资料稀缺。这个时候，能够在学校取得好成绩的往往是一些比较聪明、有天赋的中学生。我们将这段时间称为“天赋红利时代”。

随着中国经济的发展、社会的进步，部分区域的教学质量得到提高，教育产品丰富起来了——主要是经济发达地区。于是，“北上广深”等一线城市和省会城市的重点中学开始凸显教育优势，因为学校的师资更好，中学生得到的教育服务更多。这个时候，好成绩开始依赖外界资源了，如果一名中学生仅仅是有天赋，但缺乏优势资源，那么他很有可能比不上另一名天赋稍弱但资源很强的中学生——天赋红利弱化。在这个阶段，一线城市和重点高中的中学生占尽优势，此时可以称为“资源红利时代”。

作为对大城市资源优势的应对，资源弱势的小城市、县城学校开始寻找自身困境的突破口。几经尝试以后，他们发现，中学生的努力程度是一个可以继续挖掘的成绩增长点。此时，整个社会对教育的重视程度和焦虑程度均处于逐步上升的趋势，但分布结构暂不均衡。经济发达地区的中学生尚未进入焦虑阶段，努力程度稍弱；经济弱势地区的中学生则已经有了相当程度的压力，有动力，也有机会通过更多的努力来弥补外界资源的差距。于是军事化管理、高压教育、题海战术等在学校开始流行，而最早进入极限努力模式的学校和中学生，也确实获得了努力的红利，将勤能补拙的力量发挥得淋漓尽致。此种代表是县城中学模式，如毛坦厂中学。这个时期，可以称为“努力红利时代”。

随后社会进一步发展，各阶层对教育越来越重视，到今天，大部分中学生已经高度重视教育。小城市、普通中学的中学生可以勤奋地一天学习 14 小时，而享有教育资源优势的大城市、重点高中的中学生也会刻苦地一天学习 13 小时以上——两者之间已经没有太大差距了。这时，努力红利弱化。

在此期间，整个中国社会开始了大规模的互联网建设，教育资源在互联网上逐渐增多，于是资源红利也弱化了。

小结一下，在学习这件事情上，我们已经走过了 3 个时代——天赋红利时代、资源红利时代、努力红利时代。天赋不可复制，资源可以部分复制，努力则很容易复制，而容易复制的努力与可部分复制的资源已经被大规模复制，成了大部分中学生的学习基础装备。于是，一群角力的中学生相互张望着，不知道自己还能靠什么力量取得竞争优势。

他们需要新的红利。

新的红利只能是策略红利。

学习策略，指的是能够提高学习效率的思维方式和学习方法。通过调整思考方式、学习理念、学习习惯、学习行为和学习辅助，我们能够取得更好的学习效果。如果你掌握了别人所不具备的高效学习策略，那么你相较于别人便有了优势。

有人会感到奇怪，“学习方法”这个概念不是早就有了吗？市面上也有很多关于学习方法的培训课程和书籍，人人都可以买到，比如“××超级学习法”“××全脑学习法”等。既然已经很广泛地存在了，那它还有红利可言吗？策略红利还存在吗？

答案是，还存在。因为国内市面上目前流行的学习方法，大多比较初级，并不构成真正的策略红利。

策略红利是中国教育领域的一个价值洼地。学习策略对学习的重要性不必多言，尽人皆知，原本早就应该流传开来了，但由于特殊的原因，那些真正有效的策略并不常见。比如，尽管欧美教育系统已经做了大量针对学习策略的研究，但因为欧美教育模式与中国有巨大差别，所以他们的研究对我们的中学生并不怎么适用。比如，虽然中国本土也有不少学习策略的研究者，但各自有各自的问题——有的脱离一线教学实践，只注重发论文、评职称；有的则缺乏宏观视野和深层理论根基。于是，真正对中国中学生有效的学习策略反而少有人掌握与推广。

本书要做的，就是把这个空缺补上，向因学习而感到迷茫的中学生释放新一轮的红利——策略红利。

本书将给出一套较为完整的学习策略体系，帮助中学生解决学习中遇到的方方面面的问题，提高总体的学习效率。这套策略体系包括几条重要的学习理念，如学习中心论、学习的哲学等；包括几种重要的思维方式，如结构化思维、流程思维、信息循环等；还有几种重要的综合性方法，如记忆策略、时间策略、信息源管理、精力管理等。

这些学习策略有些源于我对教育学和认知心理学的研究，有些源于我对其他学科领域经典理论的迁移应用，有些则源于我的大量实践操作经验。这套策略体系由我十余年的学习、研究、实践积累而成，已经在很多中学生身上实践过，帮助他们提高了学习效率和学习成绩。现在，我将这套策略体系写成本书，希望能帮助到更多的中学生。如果你对学习有类似下面的疑问，那本书一样能够帮到你：

- 我和同桌都在认真学习，为什么他学得比我好，难道是智商的差距？
- 为什么我对做过的数学题印象很浅，感觉好像总有做不完的新题？
- 老师讲课时明明都听得懂，为什么自己做题时就不会？
- 错题本有用吗，我们需要整理错题本吗？
- 怎样复习才最有效？
- 琐碎的知识点总是记不住怎么办？
- 听课效率低该怎么办？
- 每天的时间该怎么安排才合理？
- 如果老师的讲课风格不适合我该怎么办？
- 为什么我总是学习状态很差，无精打采？

……

有了学习策略的帮助，中学生们不仅能够取得新的竞争优势，还能够从“努力学习而没有效果”的苦海中解脱出来，驱散焦虑、迷茫、恐惧的情绪。如果你恰好是一名追寻高效学习方法的中学生，或许本书将带你踏上一片新大陆。

祝你阅读愉快。

扫描二维码，关注学习策略师

第一章

迷雾

——为什么很多学习方法不管用？

本班学霸用的学习法、高考状元学习法、
衡水中学学习法、人大附中名师学习法，
乃至心理学教授的学习法……

为什么这么多学习方法，对你都不管用?

1

“地狱模式”[①] 的困局
——中国学生需要更深刻的学习策略

传统方法的局限

由于巨大的学业压力，中国的学生和家长对如何高效学习这个领域异常感兴趣。在高压的中学学习中，为了提高效率、降低痛苦，他们首先找到本土名师和专家对中学生进行指导，系统地学习专家们的课程。这些课程主要有以下几种内容。

设定人生梦想、激发学习动力

包括进行人生励志、讲解和体会学习的意义，绘制梦想板（将自己的梦想写在或者画在一张纸或木板上，挂在书桌前或者窗边），喊口号进行自我激励等。

---

① 网友常用“地狱模式”描述中国的中学学习难度与中考、高考难度。

制订学习计划

包括利用SMART原则[①]，列出长期、中期、短期的学习计划，对计划进行回顾与评估，根据执行情况修改计划等。

调整学习状态

包括以积极的心态面对学习、激发自信心、管理负面情绪等。

规范学习习惯

包括将书桌收拾整齐，写作业前先复习课程内容，按时、规范地完成作业，建立错题本和积累本等。

家长教育

包括和谐的家庭关系、充满爱的关系，以及父母对孩子的鼓励性态度和语言等。

梦想、动力、计划、习惯、家庭关系……这些内容不可谓不好，只要做到位，也必然对提高学习成绩有一定效果。但是经过大规模的实践以后，人们发现了两点问题。

第一点是这些内容很难做到位。比如，有些人缺乏远大的目标和理想，尤其是被拘束在校园里的大部分中学生，他们连世界都没有了解过，哪儿来的理想？正如某旅游公司的广告所说，没见过世界，哪儿来的世界观？再如情绪管理，如果成绩始终上不去，学生就会没有自信，不论怎么自我催眠、喊口号都没有用。自我催眠终将变成自我欺骗、自

---

① 一种制定目标的方法，S代表Specific（明确性），M代表Measurable（衡量性），A代表Attainable（可实现性），R代表Relevant（相关性），T代表Time–based（时限性）。

我厌恶。

随之而来的是源源不断的负面情绪，任何调节都是暂时的缓解，最终还会像减肥过度一样迎来报复性反弹。对大部分中学生来说，成绩就是最大的情绪源头，这是任何情绪管理都无法跨过的大山。

更不要提家长教育这种事情，涉及成年人的自我成长与改变，失败率大多在80%以上。我们必须承认，一个人年龄越大，可塑性可能越低，因为大部分人只是普通人，不是一生不断光辉向上的电影主角。

第二点则更加可怕了——即便做到了以上这些，也未必对中学生的成绩提升有帮助。具体来说，以上内容对中国的小学生有一定效果，对初中生的效果已经变弱了，对高中生来说则更弱了。如果一名高中生原本成绩很差，处于下游甚至垫底水平，那么在学习完这些课程后——假设他真的学进去了，他能够做到的就是从垫底水平进步到下游水平，或者从下游水平进步到中下游水平，到中游水平已经是极限了。

而一名原本学习成绩就处于中游水平的学生去学习这些内容，则基本没有任何用处。比如，一名省级重点中学普通班的中下游水平学生学这些课程就意义不大。

这就是成千上万人实践过类似课程体系后得出来的结论。

为什么会出现这样的结论呢？我们暂且按下不表。

国外的月亮

总之，当这些本土专家的方法出现问题以后，又有很多人开始转头向西方的教育学家和认知心理学家学习。他们捧起国外教育学和认知心理学的课本，听美国常青藤盟校教授的讲座，试图找到对自己有帮助的内容。

但他们又遇到了两个问题。

第一个问题是学术内容抽象难懂。各种图示，工作记忆、感受器、效应器、高路与低路迁移等专业名词，让众多学生和家长头晕目眩、理解困难。他们将有限的时间花在无限的晦涩难懂的文献海洋里，最终搞得自己一头雾水，惨淡出局。

第二个问题是更加重要的——即便有人看懂了这些内容，依然无法帮助中国学生学习。普通学生和家长看不懂没关系，有很多专家、学者可以做翻译与科普工作。然而经过翻译与科普后变得浅显易懂的现代认知心理学知识，依然对中国的学生起不了太大作用。学生们得到了几条看起来还不错的学习原理，诸如分散学习、组块，又或者是克服拖延症的几大法则等。但它们又有什么用呢？这些内容对如何做出相似三角形中那条精妙的辅助线，以及如何在函数中巧妙使用复杂的三角换元毫无帮助。

除了基本的现代认知心理学原理以外，很多在美国、欧洲流行的学习方法也是如此。比如经典的SQ3R阅读法[①]，对中国学生意义有限，解决不了语文中的阅读理解和历史中的问答题，对物理的力学、运动学、机械能混合分析更是无可奈何。国外著名的批判性思维教学体系可能对语文中的阅读与写作有那么一点帮助，但对于其他学科则意义不大。

现在让我们总结一下目前所遇到的问题。梦想激励、制订计划、学习习惯培养体系和家长教育对我们的学生似乎没什么用，这是为什么？它们看起来明明就是很好的东西。前沿的教育学和认知心理学研究对国内学生似乎也没有用，这到底是为什么？难道这些研究是错的？可它们对美国人就有用，怎么会对我们无效呢？

---

① 一种阅读方式，分为Survey（通览）、Question（提问）、Read（阅读）、Recite（复述）、Review（复习）5个阅读步骤。

这就是目前中国的学生和家长面临的困局。

在我研究教育和学习策略的十几年里，大约从第三年开始，我大致了解了传统学习力体系和教育学、认知心理学的基础研究框架，并遇到上述问题。对上述问题的常见回答包括——方法虽好，但也要看适不适合个人；可能是方法执行得不到位；美国研究在中国教育环境中的应用需要进行本土化改造，因为有文化差异。

而我对这些回答都不满意。为什么不适合个人？怎样才会适合？方法执行到位了也有问题怎么办（这样的案例很多）？具体是哪些文化差异导致了差别？如何进行本土化？以上疑问都没有得到回答。

随着我对学习策略研究的进一步深入，尤其是不断地将各类学习策略应用到一线教学中，我越来越深刻地意识到上述问题的症结所在。好东西为什么没有用，对别人有用的东西为什么对我们的中学生没有用？关键的原因就在于——我们的中学教育处于“地狱模式”，我们的教育早已吃尽了低矮的果实。

低矮的果实

什么叫作低矮的果实？

一群小鹿进入果园，它们抬头吃树上的果实。那些在低矮的树枝上挂着的果实首先被吃光，因为它们吃起来毫不费力。接着，小鹿们开始被迫尝试抬起脖子、踮起脚，想要够到高处的果实。随着果实高度的不断上升，最终到了小鹿们再也无法企及的高度。果园里还有果实，但小鹿们已经吃不到了——不过长颈鹿可以吃到。

低矮的果实，指的正是那些虽然正确、有用，但理解起来比较简单，只能在初期管用的东西。

如果想要学生的成绩变好，我们最初想到的就是让他们更努力、养成更好的学习习惯、上课认真听讲，并且建立和使用错题本，这是学习领域中低矮的果实。对于美国教育研究者和应用者来说，这些低矮的果实在本国教育环境中已经足够了，因为他们的中小学教育体系相对来说太简单了，简单到中国的一名中等学习水平学生到了美国，就可以轻松化身为学霸。各位可以感受一下美国高考数学的难度。

以下是美国高考数学中的普通题，大约相当于中国普通小学高年级送分题水平。

如果y=3，下列哪一个值是最大的?

A. y^2　B. y^2-1　C. y^2+1　D. $(y-1)^2$　E. $(y+1)^2$

（2015年1月24日北美区SAT试卷）

以下也是美国高考数学中的普通题，大约相当于中国普通中学初一年级送分题水平。

在下图中，O是圆的中心。如果AB $=3\sqrt{2}$，圆的周长是多少?

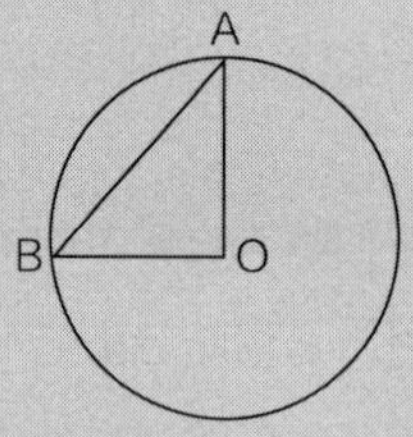

A. 2.25π　B. 3π　C. 4.5π　D. 6π　E. 9π

（2015年1月24日北美区SAT试卷）

下面是美国高考数学的压轴题，大致相当于中国普通中学初二年级的中低难度题。

> 请求解 $y=|3x-4|$ 的最小值。
>
> 在 $(x+2)(x+a)=x^2+5x+b$ 中，a和b是正整数，如果等式对于任意x值都是成立的，求b的值。
>
> （2015 年 1 月 24 日北美区 SAT 试卷）

你还想做更难的题？没了。上面一道简单得不像话的数学题就已经是美国高考数学中最难的题了。作为对比，中国的高考数学题是这样的：

> 记 $f'(x)$, $g'(x)$ 分别为函数 $f(x)$，$g(x)$ 的导函数。若存在 $x_0 \in R$，满足 $f(x_0)=g(x_0)$ 且 $f'(x_0)=g'(x_0)$，则称 x_0 为函数 $f(x)$ 与 $g(x)$ 的一个“S点”。
>
> （1）证明：函数 $f(x)=x$ 与 $g(x)=x^2+2x-2$ 不存在“S点”；
>
> （2）若函数 $f(x)=ax^2-1$ 与 $g(x)=\ln x$ 存在“S点”，求实数a的值；
>
> （3）已知函数 $f(x)=-x^2+a$, $g(x)=\frac{be^x}{x}$。对任意 $a>0$，判断是否存在 $b>0$，使函数 $f(x)$ 与 $g(x)$ 在区间 $(0, +\infty)$ 内存在“S点”，并说明理由。
>
> （2018 年普通高等学校招生全国统一考试江苏卷数学 19 题）

中国的中考数学题则是这样的：

抛物线L：$y=-x^2+bx+c$经过点A(0,1)，与它的对称轴直线x=1交于点B。

（1）直接写出抛物线L的解析式；

（2）如图1，过定点的直线$y=kx-k+4$（$k<0$）与抛物线L交于点M、N。若△BMN的面积等于1，求k的值；

（3）如图2，将抛物线L向上平移m（$m>0$）个单位长度得到抛物线L1，抛物线L1与y轴交于点C，过点C作y轴的垂线交抛物线L1于另一点D。F为抛物线L1的对称轴与x轴的交点，P为线段OC上一点，若△PCD与△POF相似，并且符合条件的P恰有2个，求m的值及相应点P的坐标。

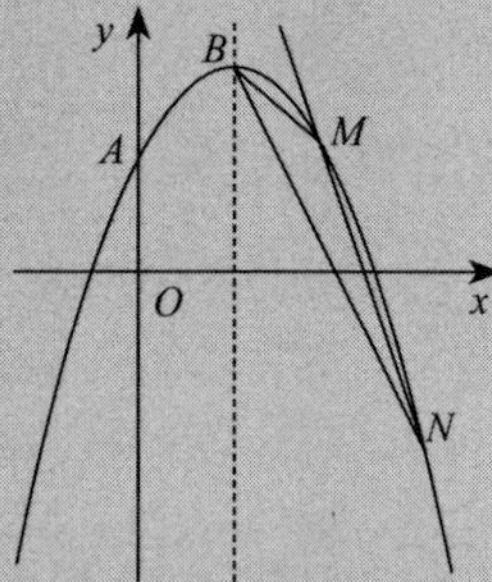

图1

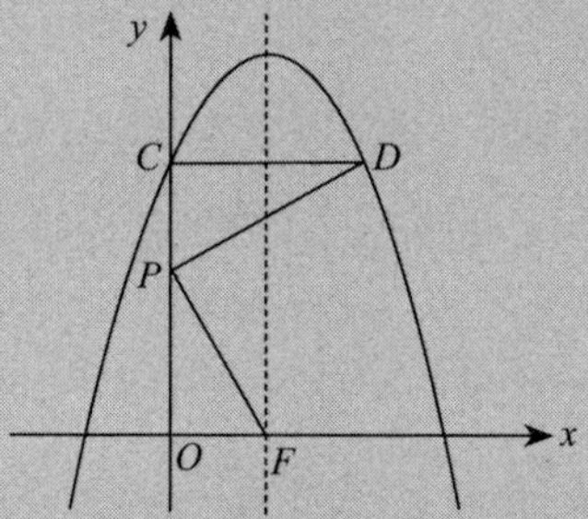

图2

（2018年湖北省武汉市初中毕业生考试数学试卷24题）

上述的对比可以充分说明，我们的中学教育处于地狱模式，美国的中学教育则处于简单模式。

美国认知心理学和教育学的研究，则是基于简单模式的研究。所以，他们会研究如何去背诵和记忆一些简单的事实性知识，得到分散记忆等基础理论，但不会去研究如何学习非常复杂的函导数压轴题和二次曲线叠加几何变化。他们缺乏对应的中学教育中的高难度学习研究，更不要提考虑中国特色应试教育生态和学习节奏，并给出匹配性的方法。

根据同样的道理，很多本土学习力专家所提出的学习动机、学习习惯、目标制订等方法也只有阶段性的效果，因为它们也属于低矮的果实。对于课程难度较低的小学阶段，这些方法已经足够使用了，也有不少小学生在学完了对应的方法后取得了进步。但这些低矮的果实无法帮助大部分初中生和高中生，因为中学学习的难度正在急速提升，复杂的相似三角形辅助线与数列构造变化，绝不是只靠收拾好书桌、端正坐姿、回家先复习课程内容再写作业等初级方法就能够搞定的。

一句话总结：对于地狱级难度的中国中学应试教育，普通的认知心理学研究和学习习惯培养等简单方法对大部分中学生来说已经无效了，我们需要深度的、精细化的学习方法。

2

成功者的局限

——名师和学霸的方法，一定有用吗？

其实，果园里依然有果实可以吃，只是它们挂得太高了，吃起来难度太大，小鹿们吃不到而已。如果谁能找到更高深的方法，把自己变成长颈鹿，谁就能吃到剩下的果实，这是新一轮的策略红利。

当传统的学习习惯培养和认知心理学教科书无法指导我们的中学生学习时，另一条思路很自然地浮现在我们眼前——向本土的实战成功者取经。

一名重点大学的学生和一名普通三本的学生各自分享自己的学习方法时，你更愿意听谁讲？毫无疑问，几乎所有人都会选择重点大学的学生。

问题是，他的方法一定有用吗？

不一定。

有人会说，世上哪有绝对化的东西呢？只要大概率有用就好了，不需要苛求一定有用。这种想法很好，然而研究了十几年的学习策略，几乎看完了市面上所有流行的重点大学学生传授的学习经验、出版的学习资料以后，我很遗憾地告诉你，他们所传授的学习经验和方法，对于绝大部分中学生来说并不适用。

为什么呢？让我们随手来看几个案例。

成功者误

一名清华大学的学生曾在一个火爆的问答网站上传授自己的学习方法，鉴于他重点大学学生的身份，该方法得到了几千条的点赞和评论。这名学霸传授的神奇学习方法是——刷题大法！他认为，高中的课程内容如此简单，而且知识点很少，根本就没什么难度，不会做或者做起来速度慢，最重要的原因就是题做得太少了。只要你不断地做题，不断地提高做题熟练度，就能考取高分。

这种回答存在的问题是显而易见的。以中国高中生的勤奋程度来看，谁不是在拼命刷题？但又有几个人真的靠这种方法取得了良好的效果呢？在这之中，智力、师资、基础知识、同学环境等一些因素都被忽略了。

我还看过一名北大学生辅导自家表弟学习的案例。这名北大学生的表弟正在读初二，数学成绩一般，碰到中等难度的数学题就不太会做，高难度的数学题就更不用提了。该北大学生是数学竞赛出身，所以他给自己的表弟买了一大堆数学竞赛的书，让表弟用心研究。因为根据他的经验，虽然有些数学竞赛题很难，但是只要你一咬牙，认真研究下还是能懂的。而一旦你搞懂了高难度的竞赛内容，反过头来看中考和高考的内容，就会觉得是在降维打击，可以轻松碾压了。

初级内容没学会就去搞竞赛题？这名北大学生显然没有搞懂学习的

基础逻辑，也没有意识到普通人和天才的区别。结果是他的表弟并没有取得进步，反而被竞赛题打击得信心全无。

如果你觉得这两个案例只是个例，不代表大部分清华、北大学生的理念，我还可以向你介绍一下目前普遍性的研究成果。根据市面上公开的书籍、采访记录、学生自述等，我看了至少几百名清华、北大学生的学习经验，总结起来大致有这些内容：

要对自己有信心。我的成绩曾经下滑到只能上普通大学的水平，心情无比失落，甚至一度失去了学习的兴趣。有一天晚上，我彻夜反思，怎么能轻易地被困难打倒呢？我终于重拾自信，发奋学习，最终考取了北京大学……

上课要认真听讲。要提高学习效率，最重要的是抓住上课的40分钟。课上浪费1分钟，课下可能要花费5倍的时间去弥补，得不偿失。只要上课听好了，高效学习就实现了一半……

要认真做好预习。我自己常年有预习的习惯，所以老师第二天讲课的内容，除了个别压轴题暂时不会，其他的我基本能做到一清二楚。由于充分的预习，我的上课效率非常高，永远不存在跟不上讲课进度的情况。我还有几个朋友也是考上清华大学的，他们比我更厉害，有人在初三的时候就把高中的数学、物理预习完了……

要找到学习的乐趣。我学数学的时候，并不是在攻克难关，而是在享受解题的过程，享受智力的娱乐，类似于玩游戏。抱着很苦的心态怎么能学好数学呢？我的同桌是某省高考语文单科最高得分者，她学语文时也有浓厚的兴趣，看文言文、写作文等对她来说根本不是任务，而是一种爱好！我所了解的能考上清华、北大的学生都不会觉得学习很痛苦……

要重视老师布置的练习。有些同学习惯买很多辅导书，自己找题做，我就从来不这样。老师布置的作业已经够多了，还有必要自找麻烦吗？问题是，老师布置的练习你真的重视了吗？彻底弄懂了吗？要知道老师给我们布置的练习是经过精挑细选、最适合我们的，认真弄懂这些练习才是学习的关键……

他们的经验我并没有列完，但在性质上大同小异。很多国家级重点高中的一线名师给出的方法也是类似的。

聪明的你——又或者是在苦海里煎熬、有切肤之痛的你——或许已经看出来了，这些经验都只对当事人本身有用，而对其他人来说则未必。

比如“要重视老师布置的练习，不用做其他的辅导书”是什么意思呢？在通常情况下，这名学生处于一所国家级重点高中，任课老师全是国内顶级的学科教师，这些顶级教师挑选出来的题已经足够高质量了，甚至比外面买的辅导书质量更高；学生本身非常聪明，能够从少量的题里举一反三；学生自身的基础知识非常扎实，因为他能考上国家级重点高中……

可是，对于普通中学的普通学生来说，这种经验还有参考价值吗？如果老师布置的练习质量比较差呢？如果你的思考能力、举一反三的能力没有那么强呢？随便一个条件不满足，这种方法就毫无意义，而不满足这两个条件的人，占的比重很高。

又如“要找到学习的乐趣”，一名拼命苦学数学成绩却不及格、被数学逼得在深夜里号啕大哭的学生怎么找乐趣？再如“上课要认真听讲”，能做到这一点的学生其实有很多，但认真听讲了以后还是成绩不好，又该怎么办？

我们不得不承认，学生跟学生，在智力上是有差距的，老师的教学水平也是有差距的，所处的同学环境更是有差距的。如果你智力超群，在国家级重点或省级重点中学读书，大部分任课老师是水平极高的名师，身边的同学都是智力超群、成绩优秀的学霸，相互交流、讨论问题效率极高，那么你可能只需要一些很基础的方法就能学得很好了，比如上课认真听讲、认真做学校布置的作业、有空就预习一下……

而大部分普通学生，不行。

但其他人不能就此打住，他们需要去费力寻找更有效的学习方法。

教育界的“立场正确”

与其他领域的大部分成功者一样，应试教育领域的成功者身上经常带有一丝贵族气息，漂亮、精致，说着礼貌而圆滑的话，并表达着貌似立场正确的观点。

然而立场正确并不意味着事实正确，事实也许是惨淡的。精致的成功者没有义务为我们揭开惨淡的真相，那是我们需要自助的地方。

根据公开的书籍、采访记录，许多重点大学的学生会告诉你，认真听讲、紧跟着老师的节奏、认真完成老师布置的作业是优秀学生最佳的选择。然而很久之前我就开始疑惑，明明许多人在私底下并不认同这个观点，为什么没人在公开场合讲出来？这是我从初中就存在疑惑的问题。

至少我就不听课。我在初中一直是年级第一，在高中也维持在班级第一、年级前五，然而我基本不听老师讲课。不光我如此，我们班的第二名、第三名就是我的同桌和前排，据我观察，他们也基本不听课。我也问过很多成绩优异的学生，他们中有不少也是不听课的。他们不听课，自己学自己的，看书或者做练习题。

要理解这种现象很简单，让我们一起来思考几个问题。

根据正态分布，会不会有一部分老师真的教学水平一般，讲课讲得没那么好，尤其是在非重点初中或高中的非重点班？

即便是在重点初中和重点高中，根据概率，在一个班级的众多老师当中，会不会有可能碰巧遇到一个老师教学水平不太好？

即便老师的教学水平并不差，那么有没有可能他是按照班级学生的平均水平讲课，很难照顾到班级前几名的学生？

回答完这几个问题，答案就很明显了。

中国自古以来有尊师重道的优良传统，尤其对于那些积极进取、想要好好学习的学生来说，他们以及他们的家长，对尊师文化就更加看重了。即便真的遇到了教学水平不太优秀的老师，有许多人也不能说出口，不能找老师的问题。连私下说都不行，更何况是在公开场合说？

于是，一个原本很简单、可以被研究也值得被研究的问题就此被耽搁下来——如果老师的讲课方式不适合我，或者教学水平不太好，我该怎么办？

这是一个看起来不太礼貌的问题，冒犯了部分敏感的老师。但在十余年的教育研究和观察中，我越来越意识到这其实就是很多学生面临的切实问题，是他们的痛点。他们需要找解决办法，又遮遮掩掩地不敢迈出这一步，最终被卡死在原地。这样的现象在三四线城市和乡镇中学里尤其常见。

我在高中时期不听课就是出于类似原因。我出生于一个四线城市，当地最好的高中也不过是省会城市二流学校的水平，放到北京、上海则更不行。如果我出生在北京、上海，能上国家级重点高中、听国家级名师讲课，我肯定不愿意自己学而愿意听老师讲了。可是我没那么幸运，那么我该怎么办呢？那些和我一样没那么幸运的人该怎么办呢？

我们需要打破立场正确的限制，认真讨论一下有没有相应的对策。

这层障碍需要我们自己打破，无法在重点大学学生的成功经验里找到。因为他们中的许多人从重点小学到重点初中，再到重点高中，一路上实验班，一路跟随优秀的名师，很可能一辈子没见过中等教学水平的老师，更不要提低教学水平的老师了。他们不用思考如果老师讲课不好怎么办的问题，但绝大部分普通学生则需要找一条没有含着金汤匙的路。

在后续的章节里我会告诉你，其实这条路并不难，只需要思考一下如何做信息源管理等问题就好了。

3

争议观点中的经验局限

——他们的观点不同，我该听谁的？

在聆听学习高手指导，或者搜寻各种学习秘籍时，我们常常会遇到这样的矛盾：两个人——很可能都是学习高手，比如说两名重点大学的学生——对同一件事情持有完全相反的观点，我该听谁的？

我要预习吗？

一个典型的例子是，中学生需要预习吗？

有高手说一定要预习，非常有必要。大部分老师也会告诉你，一定要预习，优秀的中学生都会预习的。但是当另一个高手告诉你他从来不预习的时候，你该怎么办？

粗略分析例子中似乎有这么几种可能。第一种可能，他们一人对、一人错。不过他们两人都是高手，此处似乎有矛盾。第二种可能，他们两人都对，各自有各自的道理。

第二种可能更接近真相，然而这个回答并不能给我们任何启发。其他诸如“要看适不适合个人”“每个人情况不一样”等回答也都模糊而抽象，不能指导具体的学习行为。

大部分中学生只有一个问题：为了提高学习效率，我到底要不要预习？

如何做精一本教辅书？

另一个常见的争议是，我们需要几本教辅书？

谈及对教辅书的态度，有学霸表示，课上的内容、学校里的资料明显不足，要多买几本教辅书才行。在各类学霸的学习经验帖中，经常有人晒图，展示自己做过几十本教辅书，以及几百甚至几千套试卷——没有题海的支撑，哪有优秀的成绩呢？

另一些学霸又表示，教辅书多了就乱了，做精一本高质量的就好。所谓贪多嚼不烂，一堆教辅书摆在你面前，就像狗熊掰玉米棒子，拿一个掉一个，最终收获甚少。

我该听谁的呢？

高手根本不屑于记笔记？

在热门问答网站的学习经验分享帖上，有很多学霸晒图分享自己当年做的学习笔记——字迹清晰、条理分明，不同颜色的笔做出不同意义的标记，再配上形象的图画和表格，让很多人惊叹，能把笔记做得这么精致，不愧是学霸！再对比下自己那内容不全或者记得乱七八糟的笔记，实在是无地自容。

可是另一个问题又在问答网站上火起来——为什么有些学习高手不做笔记？该问题下，又有不少学霸详细解释自己为什么不做笔记：做笔记没用，属于手勤快、脑子懒……

互相矛盾的回答让你拿着笔记本的手瑟瑟发抖，恨不得让这两拨人打一架，谁打赢了就听谁的。总之，当不同的人传授互相矛盾的经验时，最终结果是普通学生们被夹在中间左右为难。显然，如果一套学习方法仅仅从自身的经验出发，那就天然带有较大的局限性，恐怕只能适用于小部分人。大部分学生，需要一套超越个人经验体系的，即明确知道自己能不能用、什么时候能用、该怎么用的系统学习策略。

4

深度学习的策略

——中国中学生需要怎样的方法？

我研究了十余年的学习策略，上述几千字里提到的所有问题，我都遇到过，并反复思考如何解决。这些思考的部分成果汇集起来即为本书的内容。

在本书中，我讲述的学习策略将带有以下特点。

它必须是深度和精密的思维方法。在竞争激烈、压力极大的中国教育环境里，低矮的果实已经被吃尽，要想摘取更高处的果实，你必须有更精密的方法。在我的研究里，选择引入深度思维的方法来辅助通用的学习策略，以突破这个瓶颈。

通过学习精密的思维方法，比如结构化思维、流程思维、信息循环等思考模型，我们能提高自己的思维能力，进而用思维能力促使成绩提高，实现应试和素质同步成长，这也是我的策略体系的一个特点。

对中学生来说，低矮的果实能够让他们从下游水平进步到中游水平，而深度和精密的思维方法则能让他们在地狱模式的中国中考与高考里再进一层。我所培训的中学生里，有从三本水平进步到一本水平的，有从一本水平进步到“211”院校的，有从普通“211”院校进步到“985”院校的，也有从重点大学进步到清华、北大这种水平的。

这样从落后生到尖子生的全链条的进步，正是得益于此学习策略的深度和精密。

它必须是超越个体经验的，具有普适性。即便不能做到对所有中学生绝对管用，也要做到对大多数中学生有参考价值才行。即这套学习策略不能只是个人经验，必须有理论高度，能够挖掘出某些核心原理，从理论到技术细节全部打通。所以，本书所介绍的学习策略必须是对大部分中国中学生有意义的，不太需要区分中学生的类型和特性。如果一种学习策略，部分中学生由于自己的特性而与其不适合，那我就会给出针对该中学生特性的备用方法。

它必须是清晰的，没有含糊的地方。一种学习策略，对什么人管用，在哪些情况下管用，其触发条件必须是清晰的，不能模棱两可，否则中学生就会陷入疑惑：这种策略我用对了吗？到底适不适合我？

它对中学生来说必须是高度落地实操的。把前沿的认知心理学和神经科学研究成果搬过来，弄出一堆名词与概念对中学生来说毫无意义，必须把所有的理论与概念转变为直接的学习行为步骤，让中学生看得懂才行。不仅要讲这个理论是什么，还要讲这个理论如何应用于具体的英语、数学、语文学习中。同时，这些理论和学习行为必须适用于中国的教育环境，诸如大班制、知识难度高、学习时间长、精神压力大、师资不均衡等。

只有同时满足这些条件的学习策略体系，才是对当下中国的中学生最有意义的体系。这是为中国中学生量身打造的体系，对同处东亚地狱模式的日本和韩国学生或许也会有所启发。经过十几年的积累后，我大致完成了这样一套学习策略体系，将本书献给所有被学习困扰的中学生、家长和教师。

本章结语

受限于中国中考和高考地狱模式的困局，粗浅的学习方法对中学生来说已经没什么用处了，我们需要深刻的学习策略。而这样深刻的学习策略不会简单地源于对成功者行为习惯的完全复制，因为他们的方法不一定适合你。如果没有系统性的理念，我们就会陷入困局，比如面对两个学霸互相矛盾的观点时，就会左右为难，不知道听谁的好。

在本章的最后你可以思考一下，自己遇见过这些问题吗?

- 参加了某些“超级学习法”培训课，学到了一堆奇奇怪怪的东西，心里疑惑，这与我平时做数学题、写语文作文有什么关系?
- 看了某些经典的教育学、心理学理论，背了很多概念，但不知道怎么用于日常学习，心想是不是因为这些书太难了，我没看懂，所以才没用?
- 观察班级里的学霸是怎么学习的，终于发现了学霸的秘籍，急急忙忙地试着去模仿，却发现没有效果。于是怀疑，同样的方法他用了有用，我用了却不行，是不是我的智力有问题?
- 向多个学霸请教学习方法，结果不同人给出了完全矛盾的学习观点，你夹在中间左右为难，心想两边都很厉害，我该听谁的好呢?

现在，你对这些问题有了深刻认识了吗?

第二章

学习中心论

——高效学习者需要掌握的心法

围绕着中学生的学习，有许多事情在发生：老师讲课、学生听课、自主阅读、做作业、改错、目标制订与执行监督……

诸多事项该以谁为中心来进行呢？

1

谁在掌管我们的学习？

——看清楚，谁在围着谁转

中学生们端坐在教室的课桌前，抬头看着黑板，或者低头写着练习作业，每日持续 10~14 小时之久，初中加上高中连续 6 年。

在此期间，谁在掌管着他们的学习呢？

中学生们要按照学校统一安排的进度上课。比如数学，初一的学生需要完成有理数、一元一次方程、二元一次方程组、不等式与不等式组、相交线与平行线等内容的学习；高一的学生则必须拿下集合、初等函数、三角形、数列等难点。不仅学年、学期的进度有总体框架，每月、每周的进度也有精密计划。一周内的前两节数学课要学完等差数列的基本公式和变形，后三节数学课则要完成基础测试和复杂题型的总结。如果有学生没赶上进度——上课没听懂或者请了病假，老师会催促着他们找空余时间自学跟上，又或者会主动帮他们补习——这是中国老师辛勤敬业的表现。总之，你必须按照学校安排的统一的进度去学习，基本不允许有例外情况发生。

每个学科分配多少学习时间也被学校严格规定。在上课时间，学生按照课表上课，比如今天有一节英语课、一节语文课、两节数学课……自然，每个学科的时间分配也就固定了。空闲的时间也会被巧妙地定下来。班主任会召集所有学科老师开会，分配学科时间，以此给学生安排作业量。由于作业经常是超负荷的，仅仅完成全部作业就会占据学生几乎所有的课余时间，所以在课程之外，每个学生每天学哪个学科，要学多长时间，也会被老师间接地包办下来。

作业类型基本也没有学生自我选择的空间。老师会统一布置作业——通常会很多，班级里每个人要完成相同的练习作业。有些是学校老师自行编制的题目，有些则是从外部购买的教辅书和试卷。不论哪种情况，练习作业通常是按标准编制的——一部分基础题，加上一部分中等难度题、中高难度题，最后加一两道高难度压轴题。不论你是班级里的第一名还是第五十名，你都要完成这样的作业。

其他项目，比如背诵、改错、计划制订等，也是类似的做法，都在围绕着学校和老师的安排进行。显然，绝大部分学生的学习是被学校和教师安排着的。

那么，为什么会形成这样的局面呢？

主要是为了教学管理上的方便。当所有人按照统一的进度学习，老师和学校就轻松了。学校在中心位置不动，学生们围着中心点转。在这种模式下，学校和老师的教学负担降到最轻，而学生的负担却由此加重，同时学习效率降低。

这种做法成本最低。每个人都知道，如果进行个性化学习，那么学生的学习效率就会提高——正在给一个 60 人的班级上课的老师们也知道。学习知识点用一对一模式，而进行讨论和辩论的时候则变成 4~6 人小组，显然比 60 人的集体教学更有效。然而按照现有的教育条件，这样的模式几乎是不可能实现的。因为受到资源的限制——资金、场地、教师数量等，目前所执行的以学校为中心、所有学生围着学校转的模式是成本最低、最有可行性的。

还有非常关键的一点，是学校认为学生的自主学习管理能力太差了，必须经受外部管理。如果放手让学生自主学习，校长和老师们会担忧，如果学生的自我规划能力太弱怎么办？如果学生太懒散怎么办？如果学生自己找不到正确的学习节奏怎么办？年轻的学生身上有太多的不确定性，所以绝不能把学习的管理权交到他们手上。

因此，根据现有条件，学生的学习似乎天然应该围绕着学校进行。

不过真的如此吗？

2

“我”是学习的中心

——高效学习，必须建立在以学生为中心的基础上

虽然以学校为中心的学习有资源条件上的限制，但我们依然要意识到，单纯的学校中心模式是不可取的，因为学生无法实现真正的高效学习。对于高效学习者来说，学习的中心必须是自己，而不可能是其他人。

学校中心模式的局限

让我们一起来看几个现实中的学习场景，这都是我与学生交流时观察到的真实案例。

> 比如我昨天晚上刚背了英语单词，按照艾宾浩斯记忆遗忘曲线，今天早自习就要赶快复习一下，否则就进入快速遗忘阶段了。但如果老师规定今天是语文早自习，或者统一默写数学公式，那我就没有选择了……

我刚学完一个数学单元，已经做了很多题了，来不及整理，晚自习时想要把那些题目好好思考、整理一下，做个结构化之类的。但老师又发了几张新的试卷，要想做完就必须做到晚上12点——搞军事化管理的学校一般作业都特别多——于是我就没时间做旧题整理了。这样不就相当于被迫低效学习了吗？

老师，我的经历特别搞笑。我们学校管得特别严，完全没时间做自己的事。像数学、物理等学科，学校布置的作业太难了，而我的基础特别差，需要补充中低难度的练习，所以我好几次向老师提出不想听课，想自己学习，并且更换一些作业资料，都被老师严肃批评，然后拒绝。我就一直学得很被动，成绩很不理想。结果有一次我生病了，将近一个月被迫在家自学，在这一个月的时间里，我的成绩突飞猛进（因为终于能够按照自己的节奏把落下的、没听懂的课学会了）。等到病好了回学校以后，我又进入了那种听不懂课的节奏里，我的成绩被快速打回原样。

很明显，如果单纯地将学生放到以学校为中心的轨道上运行，那么就会出现大量类似于上述案例的低效学习情况。

如果学校的课程体系做得较为完善，那么不适合学生的教学活动会略微减少，但永远不可能达到完美。因为学生内心在想什么，大脑处于何种状态，基本上不可能被外界即时监控到，也不可能获得及时调整。试想一下，60名高中生在学习三角函数的基本变化，其中有一名学生在完成练习时发现自己基础很差，连勾股定理的计算都不清楚，因而有大半练习不会做。此时，老师能否立刻感知到这名学生不适合做现有练习，然后给他重新布置一些关于勾股定理计算的复习题呢？这是不可能的。只有学生自己才有可能做及时调整。

学习高手的思维

学习高手有很多类型。有些人纯粹因为先天智商太高，不需要精密的学习方法，按照普通人的方式随便学学也就学好了；也有些人曾经就是普通人，但由于掌握了正确的方法并不断地努力学习，最终变成了学习高手。在这里，我们主要看一看后一种高手是怎样学习的。

假设在一所二流或者三流中学里，有一名擅长高效学习的优秀高中生叫作卢标，他是怎样学习的呢？

在高一上学期开始时，卢标选择进行高一数学必修 1 课程的预习——尽管数学老师没有要求预习。与此同时，化学老师布置了预习的作业，但卢标直接无视了。因为在他的学习体系里，对于某门课程是否应该预习有自己的标准。

在课堂上，卢标有时会非常认真地听课，有时又会完全不听课，自己看书或者写作业。他有时在看课本，有时在看老师发下来的资料，有时又会把课本和资料扔到一边，去书店买回 3~5 本教辅书，每本教辅书都看一点、做一点，然后留下大量空白——看起来每本教辅书都有很大比例的浪费，但这是他独特的教辅书使用方法。

课后，老师布置了海量的作业，以至于大部分学生根本无法按时完成。在写作业之前，卢标先整体性地浏览了老师布置的作业，并且判断其中一半左右的作业过于简单了，对他来说是没有意义的——而他的判断通常是正确的。于是，他选择忽略这部分作业，只进行中高难度题目的练习。

在一段时间里，卢标制订计划进行物理学科的集中冲刺，将所有物理题型按照结构化方式整理，深入挖掘物理的学科逻辑，想做到透彻理解。为了达到这个目的，在同一时间内，他将语文、英语、数学等学科的学习时间压缩到最短，仅仅保证上课听讲和完成作业，甚至连作业都没有全部完成。而在另一段时间里，他又会选择进行英语阅读理解的集中冲刺，在几天或者一两周的时间里高强度地大量练习，这样他在物理等学科上的学习时间就会主动减少——这称为脉冲策略。

在章节结束后的复习阶段，老师习惯于发海量的练习题作为复习手段，但卢标选择回顾自己整理的笔记，不以老师布置的练习题为中心，而以自己做的知识点与题型结构化为中心。他对老师布置的题目采用“分层处理”的技巧，大部分题目看而不做，小部分题目动手做完并深入理解后，整理到自己的笔记本上。

卢标的学习便是这样以自我为中心进行的。学校、老师、课程、教辅资料、作业，都只不过是他的工具和辅助资源。这些辅助资源环绕着他，根据他的需求随时变化，做到自由取舍。

真正的学习高手，就应该向上面的假想人物——高中生卢标——那样学习。在他的学习世界里，他便是学习的中心，一切资源都随他调动，依据他的需求或进或退、或增或减，十分灵活。

也许你会感到疑惑，上面所说的诸多学习策略到底是怎样的呢？我怎样才能像卢标那样学习呢？不用着急，不论是预习的标准、教辅书使用方式、脉冲策略，还是结构化思维、分层处理的技巧，本书都会为你讲解清楚。现在，我们需要继续思考学习中心的问题。

越是高手，越需自主

总体来说，以学校为中心的学习模式，比较适用于那些不那么愿意学习、对学习没有什么想法的学生。由于基础学习意愿和学习习惯的不足，这些学生无法进行有效的自我规划和调整改善，他们需要一种强大的外力去束缚和规范自己，逼迫自己认真学习。而越是优秀的学生，越需要以自我为中心，进行自我学习规划、执行和调整。

这一规律广泛地呈现在我国的教育体系里。在优秀学生相对缺乏的县城、三四线城市里，学校往往采取高压的军事化集中管理模式——典型的学校中心模式；而在二线以上城市的重点中学，管理逐渐变得人性化，对学生的施压减少，给学生的自主空间变大，逐渐向学生中心模式微调。到了人大附中、上海中学、深圳中学、华师一附中、成都七中等国家级重点中学里，学校对学生的约束就进一步缩小，学生的自主学习空间进一步扩大，基本上呈现出学校—学生双中心模式，或者直接为学生中心模式。

其具体表现为，对于那些有想法、愿意进行自主学习管理的学生，学校会与其沟通放权。比如，学生觉得老师讲课的节奏和自己的不匹配，想自己学习，大部分老师会同意；如果他想集中学习一段时间的数学，暂时不做语文作业和英语作业，并有理有据地提出这样对自己的学习最有利，老师也不会拒绝。只要老师知道你是真的在学习，而不是在故意偷懒，基本不会为难你。

很多人在此处有逻辑上的疑惑，下面两个逻辑，到底哪一个才是正确的呢？

> 因为这些学生足够优秀，所以才能做到以自我为中心，进行自

主学习管理。

因为这些学生懂得以自我为中心进行自主学习管理，所以变得优秀。

这个疑惑不解决，老师就不敢放手，学生也不敢尝试，以为学生中心模式不过是幸存者偏差而已。

答案是——在一般情况下，学生应该先学会进行自主学习管理，才能成为一名优秀的学生。在探索自主学习管理的途中会有试错、调整和反复，此时需要的是对学生进行学习管理上的指导，让学生在试错和经验总结中成长，而非直接收回学习自主权。

总之，学习的中心应该是学生自己，而非父母、老师和学校。越是高年级的学生，所学的知识难度越高，学习压力越大，他们也就越需要以自我为中心进行学习。在我国的教育环境中，最好是学生在高中阶段已经具有完善的自主学习和自主管理能力，而为了达到此目的，倒推回去，学生在初中阶段就应该开始大量的自主学习试错和修正，在小学阶段应该具有初步的自主学习管理意识。

在此过程中，老师和家长最好能成为学生有力的学习教练，一点点地指导学生如何进行自主学习管理，学会以自我为中心安排学习计划、执行和调配学习资源。如何安排学习是一种权力，而学生自主学习能力的培养便是一场权力的交接。老师和家长应当逐步让位，而学生当如年幼的君王继位一般逐步掌权。

当然，如果学生在小学、初中阶段并没有进行自主学习管理的尝试，那么从高中阶段开始也来得及。越早地意识到学习要以自我为中心，学生就能越早地进入高效学习中。

3

中学生学习的三种自主权

——为自己争取高效学习的空间

那么，如何实现以学生为中心的学习呢？我们不可能要求学校完全按照学生的学习节奏来辅助学习，因为学校的职责是照顾学生的平均水平和平均节奏，而不是为学生提供个性化帮助。

三种自主权

中国的教育生态决定了实现彻底而绝对的学生中心学习模式是不可能的，所以，在实际执行学生中心学习模式的时候，学生主要需要向学校和老师争取两种核心权力与一种辅助权力，依次为时间自主权、作业自主权，以及听课自主权。

时间自主权是指在早读、自习、晚修等时间里，学生能够自由地做自己的事情，不被老师安排去做固定的事项。作业自主权是指各科的作业量、作业类型，以及是否完成全部作业，可以由学生自己决定或者部分决定。这是两种重要的核心权力，我们需要尽量向老师争取，争取到的范围越大越好。

听课自主权指的是学生在上课时是否需要听老师讲课。这是一种有意义但没有那么重要的权力，因为在大部分情况下我们确实应该认真听老师讲课，不需要进行调整。但并不排除有些场景中老师的讲课内容并不适合我们，为了提高课上 40 分钟的效率，我们需要离开老师的讲授去干点其他事情。我们可以尝试争取这种权力。

需要一提的是，时间自主、作业自主和听课自主，并不意味着我们一定要违反老师的安排，一定要和学校对着干。它们指的是我们要客观而合理地衡量学校的教学规划、作业和课程是否适合自己，从而进行取舍。

学校的安排有可能完全不适合我们，因此我们要几乎舍弃学校的所有作业、课程和安排；学校的安排也有可能完全适合我们，那么当我们完全按照学校安排学习的时候，也依然是在进行自主学习——它和盲从的区别在于，在这个过程中，我们有自己的判断。后一种情况是我判断学校的安排完全适合我，我选择如此执行。

在一般情况下，优秀学校的大部分安排是适合学生的，而我们只需要在个别地方进行调整。同时，你的自主学习管理能力越强，你就可以申请更多的权力。如果你只是自主学习管理的新手，我建议你从一两个小地方开始练习。从年龄上来说，总体情况是小学生需要的自主权最少，初中生和高中生需要的自主权越来越多。

如何说服老师？

不过，当学校的节奏和学生自己的节奏产生冲突时，老师很有可能会强制学生放弃自己的节奏，必须跟着学校的节奏走。如果你的运气较好，老师理解自主学习管理的重要性，支持你自主学习，那么万事大吉。但根据我的经验，大部分中学老师并不会轻易同意学生脱离自己的管理，三种自主权连一种也不愿意给你。为了能够顺利进行自主学习管理，很多学生需要几点说服老师的小技巧。

第一点，你要充分照顾到老师的权威。由于传统文化、个人尊严等原因，很多老师依然保有强烈的权威感。如果你直接向老师提出想要脱离管理，进行自主学习，他们很有可能理解为你这是在直接挑战他们的权威。因此，当你提出申请时，你应当充分照顾老师的心理感受。

你或许需要向老师表明，并不是你认为老师教得不好，而是每名学生的学习节奏不同；你很理解老师的难处，需要照顾到班级学生的平均水平和节奏，而无法为某一名学生单独做教学规划。因此，尽管老师教得很好，你依然需要申请自主学习的空间，这样才能更高效地学习，不辜负老师的培养……

同时你还可以表示，当你自主学习的时候，依然会有一些疑惑需要向老师请教——让老师知道自己对你还有价值，你依然需要他们。

第二点，你需要让老师明白，你并不是在偷懒。当学生申请作业自主权的时候，老师的第一反应大多是这名学生很懒惰，他居然不想写作业。进而老师的本能反应就是严厉地批评学生，希望他不要放纵自己堕落，应该认真学习，努力完成作业。

此时，你需要让老师明白，你不是不愿意写作业，而是想要有选择性地做适合自己的作业。你的作业量可能并不会减少，甚至可能会增加——基于自己的安排。如第一点那样，你需要表示，你并非质疑老师的教学水平，老师布置的作业也很有意义，但作业是照顾班级学生平均水平的，并不一定适合自己。因为你是一名积极好学的学生，想进一步提高自己的学习效率，所以你申请能够自主选择作业的内容。

如果你想向老师提出作业自主权的申请，那么你本身必须是一名勤奋好学的学生。如果你平时懒散、不爱学习而成绩又一塌糊涂，你去向老师申请不做布置的作业，并声称这是因为你想要高效学习，老师是不会相信的。

我也不信啊……

第三点，你需要让老师打消顾虑，让他知道自主学习并不是在瞎胡闹，你是有合理规划和安排的。出于对学生的关爱，老师很担心学生自作聪明，以所谓自主学习的名号打乱了学习规划，进而将学习、生活搞得一团糟。老师的担心不无合理之处，因为大部分学生并不具备合理规划学习的能力，所谓想要自主学习，经常是一时兴起。

而你需要告诉老师，这不是自己的一时冲动，而是经过了深思熟虑、有合理安排的。

当然，即便你做了种种努力，老师也有可能对你的要求置之不理，坚决要求你服从学校管理，这是完全有可能的。但这并不意味着以自我为中心来管理学习就完全不可实现了。实际上，即便老师同意了你的申请，也有可能只是给了你一点点空间而已。在大部分情况下，我国的中学生，尤其是高中生，需要学着适应一种"戴着镣铐跳舞"的感觉。

这意味着，不论老师的态度如何，我们都要知道学习要以自我为中心才能变得高效，这是高效学习的心法。如同武侠小说中所说的那样，以意行拳，以气舞剑，一切学习行为都要统筹在以自我为学习中心的心法之下。

这就是本章所要讲述的观点。

想要高效学习的学生应当以此为基础来进行自主学习，而想要高效教学的老师也需要尝试理解此观点。老师应当明白，越是优秀的学生和想要变得优秀的学生，越需要进行自主学习管理，而老师要学会逐步对学生放权。

不论你是老师还是学生，当你理解了这一观点并且想要开始实际操作的时候，你就会马上面临一个重要的问题：如何才能高效学习？

- 如何判断是否需要预习，怎样预习？
- 听课的时候应该怎么听？
- 在哪个阶段应该做怎样的练习题？有什么高效的方法？
- 每一天是要均衡地学习每个学科，还是要有所侧重？如何分配时间？
- 如何改错？

……

我们之所以不愿意完全服从学校的管理，是因为我们认为学校的安排不够高效。可是我们自己懂得高效学习的具体策略吗？高效学习不是一句空谈，我们需要具体的执行路径。

从下一章开始，我们将进入具体学习策略的学习。你将打开学习策略的大门，由此进入一个前所未有的精彩世界。

本章结语

学习中心论是学生平日较少接触到的内容，因为很多老师和家长都不太理解和支持这样的理论，而这样的理论又很难由学生自行领悟出来。但你需要知道，构建以自我为中心的学习模式是很重要的，自主规划、自主管理、自主执行和反思调整，是学习高手的必备素养。新手可以跟着大部队走，而高手必须有独立的节奏。

就在本书的写作期间，新冠肺炎疫情发生，亿万学生被迫停课在家自学。根据许多学生的反馈，在家自学期间，他们的学习效率极其低下，完全不知道如何自行组织学习。尤其是面临高考的高三学生，更是手足无措，白白荒废了时间，耽误了高考复习进度。这正是缺乏以自我学习为中心的意识和自主学习管理能力的学生不得不面对的尴尬境地——少了外界的强制安排，他们的学习陷入瘫痪。这也从另一个侧面体现了培养学生自主学习意识和能力的重要性。

你可以思考一下：

- 你现在的学习是以谁为中心？为什么会是这样的现状？
- 你是否有过成为学习中心的想法？是否尝试过执行？
- 如果你想构建以自我为中心的学习模式，你打算如何说服父母和老师？
- 如果父母和老师都无法被说服，你能否以“戴着镣铐跳舞”的形式巧妙进行？应该从哪条缝隙里寻找“舞蹈”的空间？

第三章

学习的哲学

——这是所有学习策略的核心原理

学习方法众多，哪些有效，哪些无效，该如何判断呢？有没有某些核心原理能够统筹众多学习方法，给我们以关键的启示？

要有术，也要有道。

1

学习者的表象

——大家都在学习，为什么结果不一样？

3 名学生坐在桌前学习——假设他们是初中生，面对着一道难度较高的初中数学题。如果你是高中生或者其他领域人士，可替换成自己在学习和工作中遇到的难题，具体的题目并不影响说明道理。现在，3 名学生遇到的是下面这个问题：

这道数学题很难，20 分钟过去了，他们都没有解出来。随后，他们又各自花了 10 分钟看答案解析，学习本题的正确解法，并且最终掌握了。那么，在过去的 30 分钟里，他们的学习效率是否一样呢？

> 正方形ABCD绕B逆时针旋转任意角度得正方形BPQR，连QD，连CP交QD于E。
>
> CE=$5\sqrt{2}$，ED=4，求AB长。

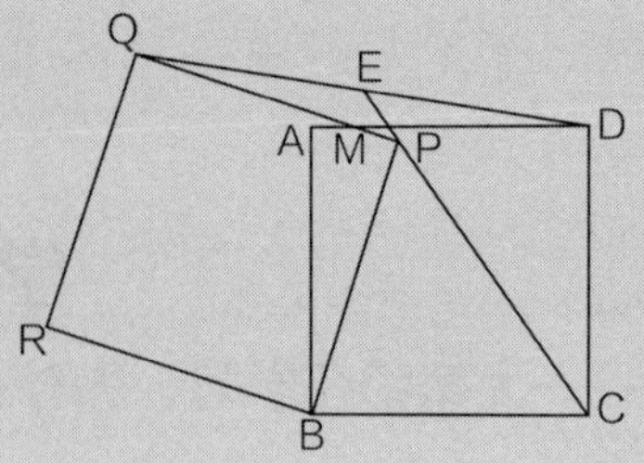

（2014 年重庆市万州区校级模拟题）

一个粗浅的判断是他们的学习效率或许是一样的——由于没有自行得出答案，所以他们前 20 分钟的效率基本上是零，或者都同样低下；由于后 10 分钟都在看答案解析，并且都看懂了，所以他们后 10 分钟的学习是有效的，并且效率基本相同。

但也有人会想，在那 30 分钟里，他们具体在干吗呢？这是影响学习效率的关键因素。

让我们来仔细看一看他们的具体行为。

在前 20 分钟里，第一名学生态度懒散地趴在桌子上，明显心不在焉。他瞟了一眼题目，觉得不会做并且毫无兴趣，然后开始发呆，接着往窗外看了几分钟的风景，转笔或者摆弄手指头，甚至掏出手机看了几个搞笑小视频。20 分钟过去了，他没有完成题目，然后花了 10 分钟看答案解析，最终记了下来。如果你立刻抽查他能否把题目解出来，那他确实可以解出来。而第二名学生和第三名学生在练习题目的过程中，没有表现出任何不耐烦或对题目不感兴趣的情绪，整体状态是比较专注的。现在，你认为他们的学习效率是一样的吗？

很多人都能意识到，第一名学生的学习效率明显低于后两名学生。他连基本的学习态度都没有端正，怎么能学好呢？虽然看答案解析能够看懂，但那是真的理解了吗？虽然当场能背下来答案，但过两天会不会就忘记了呢？毕竟他根本就没有认真学习，在心不在焉的状态下，肯定是学不好的。

大部分学生、家长和老师都有能力做出这样的判断，即一名心不在焉的学生是学不好的。但如果两名学生都在认真地学，没有心不在焉，那么他们的学习效率是不是就一样了呢？我们再来看看后两名很认真的学生。

第二名学生盯着这道题目，心里很想做出来，他的专注力都集中在题目上，但他想不出什么有效的思路，不知道该用哪个公式。他的大脑只有在小部分时间出现了一些断断续续的零散念头，大脑在剩下的大部分时间处于接近空白的状态。他可能微微皱着眉头，用笔在草稿纸上画了一个新的图，试着做了一两条辅助线，但没有找到解题的灵感。20 分钟过去了，他没有解出来题目。最后，他花 10 分钟看懂了答案。

第三名学生看完题目以后，大脑高速运转着，充斥着各种想法。他先想，既然是旋转问题，那可能要用到全等三角形或者相似三角形的知识点，我要找一下图里的三角形；他一会儿又想，三角形不够，是不是要做几条辅助线？于是，他先试着从某个点上做一条垂线，或者连线，或者平行线。当他试过了很多种辅助线后都没有做出题目，他又想会不会要用勾股定理，然后设几个未知数？随后他在草稿纸上列出了一堆式子。可是他依然没有解出题目。最后他又想，这个E点的轨迹看起来像个圆形，会不会用到四点共圆、圆周角之类的知识？于是，他又进行了一大堆尝试。总之，他的脑子里有大量的想法，而他把这些想法都进行了尝试和推演。可惜，直到时间结束他依然没有解出正确答案，最后他花 10 分钟看懂了答案。

现在，聪明的你再来想一想，哪名学生的学习效率更高、效果更好？

答案当然是第三名学生。

当我们讨论一名学生的学习效率和效果时，会面临双重表象。

第一重表象就如第一名学生的行为，他声称自己学习了30分钟，如果你没有看监控录像或者在旁认真观察，就会被他骗到，以为他是认真学习了但效果不好。但这一重表象很容易被识破，只需要家长或者老师看到他的行为。同时，学生也很容易知道自己本质上并没有在认真学习，所以学不好才是正常的。

但第二重表象——第二名学生的行为——就没那么容易被识破了。如果家长和老师在旁认真观察，会发现这名学生确实在认真学习，甚至还有点焦虑，被不会做的习题刁难得非常沮丧。他们会观察到孩子花了大量时间学习，心想，都已经这么勤奋且学得这么痛苦了，为什么成绩还是不好呢？同时，学生也很难意识到自己的行为有什么问题，自己明明已经很认真地学了啊！最终，家长、学生和老师都会认为，学生只是单纯地不擅长那个学科，没有天分而已。

我们评估学习效果时，最常犯的错误就是仅依靠结果来判断。从短期结果上来说，三名学生都是一开始没有做出来题目，而看答案看懂了；从长期结果上来说，第一名学生的学习效果最差，第二名学生中等，第三名学生最好。但这往往是几个月甚至是几年后才能发现的结果。在漫长的时间里已经发生了众多事件，中间有无数变量和影响因素，普通人根本无法从结果中反推出，他们学习效果的差距是由当初做练习时的不同状态导致的。尤其是第二名和第三名学生，其状态的差异如此隐蔽，绝大部分人很难注意到。

现在，我将第二名和第三名学生的行为列出来，放在一起做对比，你会本能地感觉到，他们的学习效率是不一样的。在后续的小节里你还会了解到，这种效率的差距不是由智商导致的，而是由于他们对大脑的使用模式不同。即，这是一种可以学习和复制的方法。

那么，后两名学生的区别究竟在哪里呢？不是行为，而是行为背后的本质区别。这个问题的答案无比重要，它将引出的不是某个学习的小窍门，而是几乎所有高效学习策略的核心原理。

2

高强度用脑

——用这个原理，指导一切学习行为

世界上有很多学习策略和方法，五花八门，各有用途。但这些只是表象的“术”，如果你一样样去研究它们，难免会陷入迷乱。若我们并不沉迷于方法本身，而是挖掘出一些能够解释、指导这些学习策略和方法的核心原理，找到某些学习策略和方法中的“道”，不就能删繁就简了吗？正如老子在《道德经》中所说的，“多闻数穷，不若守于中”。有了“道”，我们对“术”的理解就会更深刻，通达技术，而又不迷于技术，用起来更方便、更灵活，效果也更好。

下面这句话，或许是本书中最有价值的一句话了，如果你想要高效、深度地去学习，请你务必记住这句话：

（几乎）一切高效学习策略的基础，都是高强度用脑。

这一句话，基本上可以概括所有的学习策略。

下面让我们带着这句话来分析上一节中的案例。同样是没有解出难题，为什么第一名学生的学习效果最差，而第三名学生的学习效果最好呢？

根据第一名学生的行为表现，我们可以判断，他的用脑强度基本为零。因为他没有进行任何信息加工，大脑里要么是空白，要么是与学习无关的杂乱念头，而杂乱念头的产生往往是不需要消耗什么脑力的。他对于大脑的唯一使用在于最后 10 分钟，他把解题步骤硬背下来了——可能过不了几个小时就会忘记。他的用脑强度如此之低，那他的总体学习效果很差是必然的。

第二名学生的用脑强度比第一名学生高了一些。他的大脑里间歇性地产生了一些有效思维，并进行了一定的尝试——用全等三角形的公式行不行？这里做条辅助线好不好？但这些有效思维的数量很少，仅有那么几个念头。在尝试完这少数的有效思维以后，他的大脑就陷入了空白，因此总体的用脑强度并不高，处于中间水平。

第三名学生的用脑强度则有了显著的提升。他的大脑里产生了大量有效思维，并在草稿纸上进行了多次尝试——多种辅助线、多种公式、多种题目关键点的猜测、多种解题技巧……在解题的 20 分钟里，他的大脑在一刻不停地运转，几乎没有空白。

我们还可以推测，第三名学生在看到答案的那一刻，所产生的心理感受和大脑思维反应也会与前两名学生不一样。第一名学生面对答案基本没什么感觉；第二名学生面对答案可能会想“哦，原来要这么做，好难想”；第三名学生则可能会非常激动而感慨：“天哪，居然是这么做的！怎么想到要做这条辅助线的？我刚才试过这个公式，怎么没做出来？我刚才是哪里想错了？这个条件是用在哪里的……”他的脑海里产生了大量有效思维。

总之，不论是在做题阶段，还是在看答案阶段，第三名学生都处于高强度用脑状态，所以他的学习效果会显著好于前面两名学生。

如果要具体地解释一下什么叫作高强度用脑，大概包含以下几个要点。

单位时间内产生了大量有效思维

在同样的时间里，你的大脑产生的有效思维越多，代表你的用脑强度越大。如果你在发呆，大脑里一片空白，那么你的用脑强度基本是零；如果你的大脑在开小差儿，思考一些与学习完全无关的内容，那么你的用脑强度基本也是零；如果你的大脑在短时间内产生了大量有效思维，那么你就达到了高强度用脑的状态。

但我们要注意，产生有效思维并不意味着你必须准确地解出题目、找到答案。比如在刚才的案例里，第三名学生并没有解出题目，但是他根据题目条件进行了很多有意义的思考和尝试，这些都算有效思维。作为对比，如果他在解题的过程中突然想到这周末要去哪儿玩，这个念头便算是一条无效思维。

这个要点也是判定一个人是否高强度用脑的核心原则。

需要高度的专注

这条原则很容易理解。如果你不专注，那你就很难产生有效思维，即使产生，也是质量低下，而且数量还少。专注可以作为产生大量有效思维的前提。

反过来，如果你没有产生大量有效思维，那么你就很难保持专注。

大脑的特点是运转，是信息加工，如果你不能引导它进行有效的信息加工，那么它就会自动加工其他信息。比如在解答数学题的过程当中，你本应当去尝试引入公式、定理和解题技巧，但如果你没有刻意引导大脑去思考不同公式的使用，大脑就会自动去想一些如中午吃什么、周末去哪儿玩，以及哪个女同学更漂亮之类的事情。即，在缺乏有效思维的时候，你会自动走神，用无效思维来填充大脑。

常有一定的吃力感、痛苦感

既然叫作高强度用脑，那么处于这种状态就不会很轻松舒适。当你高强度用脑的时候，你有可能会感到很辛苦、很疲惫，大脑有一种很难受的感觉。所以在大部分情况下，高强度用脑不是一种很轻松的、自动运行的状态，而是需要你靠主观意志去命令大脑全力思考。

如果你的思维能力较弱，从来没有做过大脑思维训练，那么当你开始高强度用脑的时候，大脑所产生的吃力、痛苦的感觉就会很强烈。随着思维训练的加强，你又会感觉到这种吃力、痛苦在逐渐减弱，但它依然是一件需要你主观上去驱动的事情。而对于那些思维能力超强的顶级高手，这种吃力和痛苦的感觉最终会降到无限趋近于零，有效的思考变得轻松，几乎如呼吸一样自然。

但绝大部分人很难达到顶级水平，那是人类历史上少数极端聪明者、顶级科学家的境界。能把这种吃力感降低到不那么使人难以接受，能够每天维持几小时高强度用脑就已经非常难得了，足够让你成为普通意义上的成功者。

与疲惫用脑的区别

高强度用脑不是疲惫用脑，人们通常很容易混淆这两者。

高强度用脑会让人感到疲惫，但疲惫用脑并不是高强度用脑。高强度用脑，是指你在精神饱满的情况下，短时间内进行大量有效思考，从而可能造成疲惫和难受的感觉。疲惫用脑则可能由多种因素引起——长时间用脑不休息，睡眠不足或睡眠质量差，饮食混乱导致大脑精力变差，患病导致大脑不清醒却强行用脑等。这些情况都会让你的学习效率变低，而高强度用脑则让你的学习效率显著提高。

与心流的区别

高强度用脑与心流有些相似，但并不等同于心流。

有些人对心流的概念比较熟悉，它是指这样一种状态：我们主动从事某一活动，这项活动的难度接近于我们的能力上限，在活动的过程中我们会不断地得到反馈（往往是正面反馈），我们非常专心，并且饶有兴致地沉迷其中，不愿意被打断。

毫无疑问，心流属于高强度用脑状态的一种，但高强度用脑不一定属于心流。比如，在一开始将高强度用脑的原理应用于学习时，学习这项活动可能并不是我们特别热爱的；学习任务的难度可能会超出我们的能力上限；我们可能得不到任何反馈，或者得到了不少负面反馈；我们对此可能并不感到愉快，想要逃离此状态。当然，专注力总是必需的。

随着我们能力的提升，那些艰深的知识点逐渐降低到我们的能力上限边缘，或者更低一点；我们解出了难题，得到了正面反馈，获得了成就感；因此我们会喜欢上学习，并有可能主动学习——这样，我们就进入了高强度用脑中的心流状态。

当我们的能力再次提升以后，哪怕较难的知识点和题目对我们来说也已经非常简单，即使解出了题目也没什么成就感，这样我们就又不属于心流状态。但相对于其他能力较弱的人来讲，我们依然处于高强度用脑的状态。

上面几个要点的讲解有助于你明确什么是高强度用脑，并判断自己日常的学习是否高效，以及指导你如何高效学习。几乎一切高效学习策略的基础，都是高强度用脑，这是高效学习的核心原理，极少有高效学习策略能够跳出这个范畴。

带着高强度用脑的指导思想和要点，我们来看看一些具体的学习行为。假设有两名高中生甲和乙在学习，他们做着不同的学习动作，请问谁的学习效果会更好呢？

甲：背诵数学公式。

乙：背诵数学公式，并尝试把公式自行推导一遍。

显然，乙的学习效果更好。单纯背诵公式时，你的用脑强度比较低，大脑中并没有几条有效思维；而在推导公式时，你被迫思考公式中的众多逻辑步骤。结果是，推导过公式的乙不仅对公式的记忆更牢固，应用时也更加灵活。

甲：改正做错的物理题，看懂其答案。

乙：改正做错的物理题，看懂其答案，并且遮盖答案自己重新做一遍。

看答案的时候学生很容易看懂，但下一次依然不会做的情况时有发生。那些遮盖答案自己重新做一遍的学生，犯同样错误的概率就会明显降低。在重新做一次题目的过程中，用脑强度变高，学习效果得到提升。

甲：记住一道题的一种解法。

乙：思考一题多解和多题一解。

显然，一题多解考虑了更多的解法，所产生的有效思维更多；多题一解涵盖了多种题型，所产生的有效思维也更多。这两者的用脑强度都比记住单一题目的单一解法更高。能经常思考一题多解和多题一解的学生，往往是优秀的。

甲：背诵一篇高分作文。

乙：思考该作文的立意巧妙在哪里、行文结构如何，以及圈出其中最有文采的词句。最后背诵该作文。

单纯背诵作文的时候，用脑强度明显更低；而思考作文立意、结构等，则大幅提高了用脑强度。前者的作文训练效率必然低于后者，背诵的范文在实际使用时往往写不出来。并且，只进行单纯的背诵也无法提高真实的写作能力，而后者却可以。

甲：复习地理时，对照着世界地图看，尝试记住不同区域的地形和气候特征。

乙：复习地理时，对照着世界地图看，尝试记住不同区域的地形和气候特征，并思考该气候特征与当地的文化、经济等有何因果关系，或者比较类似气候特征的区域在文化、经济等领域是否有相似性。

前者记忆了一堆地理知识点，用脑强度较低；后者不仅记忆地理知识点，还在思考地理、文化、经济、政治等要素之间的联系，甚至可以结合历史事件进行分析，形成历史和地理的综合学习。显然，后者的脑中有效思维明显增加，学习效果更加明显。

这样的学习行为对比，你可以在日常学习和生活中进行，评估一下自己的哪些学习行为是有效的，而哪些学习行为需要调整（见表 3–1）。有了一条明确的指导原则以后，我们更容易知道自己的学习误区在哪里。

表 3–1　不同学习行为的用脑强度

低强度用脑行为	高强度用脑行为
背诵数学公式	背诵数学公式，并推导公式
看懂错题答案	看懂错题答案，并重新做一次错题
记住一道题的一个解法	思考一题多解和多题一解
背诵一篇作文范文	思考范文的立意、结构和文采，并背诵范文
看地图，记忆地形和气候特征	看地图，记忆地形和气候特征，思考其与当地文化、经济的关系，做跨地区比较，并尝试以此解释部分历史事件的发展
……	……

3

为什么你的学习能力很弱？

——如何迈过学习能力成长的关键门槛

有些人学习能力很强，有些人学习能力较弱，而学习能力强者往往被认为是天才，是天生聪明。现在我们知道了，尽管先天的脑力条件对学习能力有一定影响，但并不是主要因素。影响学习能力的主要因素是我们学习时的用脑强度。并且我很负责任地告诉你，用脑强度是可以通过很多方法去提高的。

因此，如果你的学习能力较弱，你不必祈祷自己能够变得聪明一点，而应该思考如何提高自己的用脑强度。

此时你的内心会产生疑问：好吧，我暂且同意学习能力并不是由脑力条件而是由所谓的用脑强度决定的观点，也暂且相信用脑强度是可以提高的，但是为什么大部分人的用脑强度很低呢？在如此高压的中学教育环境里，几乎每个学生都希望自己变成一个善于学习的人，如果用脑强度强烈地影响了学习效率，而它又是可以提高的，那为什么大部分人没有成功提高自己的用脑强度呢？

让我们来讨论一下这两个重要的问题。

缺乏清晰认知

首先，大部分人对高强度用脑理念缺乏清晰的认知，这是我们在提高学习效率途中最先遇到的障碍。毕竟，大部分人并不像你这样幸运能够碰到这本书……

这既是我厚着脸皮开的一句玩笑话，也是一部分真实的原因。在漫长而广泛的亲身实践中，部分优秀的学生和老师也会模糊地感受到一点类似于高强度用脑原理的东西，但他们很难清晰地表述出来，往往只能用抽象且含混不清的语言来描述它，诸如：

> 学习要用“心”，只有真正用心了，才能学进去。
>
> 要认真思考，真正地把脑子动起来。
>
> 学习不仅要手勤快，而且要脑子勤快。
>
> ……

我听过很多这样的描述，也见过很多说这些话的人——往往是优秀的老师或学生。我从他们遣词造句的方式、叙述的逻辑，甚至说话的表情等来判断，他们可能真的领悟到了某些心得。但这种描述方式实在太含混了，当他们以这种方式去传授自己的经验时，听者根本不知道什么叫作“用心”——那个“心”字往往还被加重语气特殊强调。

但描述含混导致的听不懂就是听不懂，重点强调了还是听不懂。听者可能会把“用心”理解成态度认真、刻苦学习，然后想自己已经学得非常辛苦了，还要怎么用心？如果是老师说给学生听，学生甚至可能会感到委屈。事实上，一名长期刻苦学习到晚上 12 点以后的学生，可能完全处于低强度用脑的状态，进而导致学习效率低下。

其他如“真正动脑”“脑子勤快”等描述也是一样含混，无法让人清晰地理解。

违反本能的难受感

在上一节我们提到过，当你提高用脑强度的时候，往往会有一种很难受的感觉——吃力、疲惫、痛苦……这或许是一般人用脑强度难以提高的主要原因了。

根据我们的常识，如果一个从不锻炼、严重处于亚健康状态的宅男或者宅女突然决定开始健身——练习长跑、俯卧撑、哑铃等，他/她有多大概率能够坚持下来呢？60%的概率是他/她会在两周内放弃，还有35%的概率是他/她会在 3 天内放弃。

对于体弱的人来说，锻炼即受苦，而人类对于避免受苦有强大的本能。越是肌肉力量弱的人，他在刚开始锻炼的时候所感受到的痛苦就越强。一个身体健康的普通人开始锻炼时会感受到 5 分的痛苦，他坚持下去的概率是 30%；一个从未锻炼过的亚健康者则会在一开始感受到 10 分、20 分的痛苦，他坚持下去的概率可能连 3%都不到了。

对于身体肌肉来说，即便是没有常规锻炼习惯的人，也会在不经意间锻炼一下，比如周末跟朋友们出去打一打篮球或乒乓球，或者出门旅游的时候顺带就爬了爬山，甚至被迫追赶公交车的时候跑得气喘吁吁……即便有这样的基础，大部分人依然很难在身体锻炼中坚持下去。

而你可以把我们的大脑想象成一块肌肉，它的锻炼与成长逻辑与普通的肌肉是类似的，只不过，它平时更加难以被锻炼到——你上一次刻意锻炼身体可能是周末去踢足球了，但你上一次刻意锻炼大脑是什么时候？由于较少被锻炼到，大脑这块特殊肌肉比身体其他部位的肌肉更加虚弱。同时，当这块很少被锻炼到的肌肉开始经历锻炼时，它所感受到的痛苦也比一般的肌肉强烈得多。

因此，我们对于提高用脑强度这件事会有着本能的抵触。有人说，大部分人为了逃避思考宁愿做任何事，这也是对上述问题的一种反应。

这引出了一个新问题：既然高强度用脑在初期会给人带来痛苦，让人本能地想回避，那是不是正常人根本无法进入这种状态？

的确，进入高强度用脑状态比较困难。就像一匹马在拉一个沉重的铁箱子，巨大的摩擦力让它的前进变得无比吃力，正常情况下这匹马不会愿意费力气，那么怎么办呢？我们想到两个思路，第一个思路是用鞭子抽打这匹马，给它比拉铁箱子更大的痛苦，逼迫它往前走；第二个思路是用好处诱惑它，只要它愿意前进，就给它喂些食物。

对人来说也是如此。我们假设有一名叫占武的学生，在什么情况下他会愿意进入高强度用脑的状态呢？一种情况是面临更大的痛苦，如果他不进入高强度用脑的状态就会面临更大的痛苦，这样他就被逼进入了高强度用脑的状态。另一种情况是要给他点好处，比如当他进入高强度用脑的状态时，他的成绩会得到提升，他会得到表扬和保护等，这样也能为他进入高强度用脑的状态提供动力。

更大的痛苦类似于推力，而奖赏与好处类似于拉力，如果两种方式提供的合力大于高强度用脑产生的摩擦力，那么人就愿意进入高强度用脑的状态。一般来讲，用好处牵引的方式更加安全无害，而施加更大的痛苦则有把学生逼出心理疾病的风险。比如那名叫占武的学生，当痛苦太大的时候，他会不会变得抑郁或者自我放弃、自甘堕落呢？如果外界的痛苦失控，哪怕他进入了高强度用脑的状态依然被施加巨大的痛苦，他又会怎样？有没有可能感到极端绝望、迷茫，然后精神崩溃呢？

用好处牵引的方式就稳妥得多，这也是我推荐大部分人使用的方式。比如，当你尝试高强度用脑感到痛苦的时候，你可以告诉自己，我这样做一定会有好处的，会收获进步，会有付出得到回报的成就感，这样比较容易克服用脑初期的困难。

缺乏有效的策略

即便有积极上进的学生愿意进行比较费力的用脑强度提高训练，他们中的很多人还会遇到第三个问题——缺乏有效提高用脑强度的具体操作手段。

高效学习策略的基础是高强度用脑，但你很难抽象地提高用脑强度，你需要在具体的学习技巧应用中提高。高强度用脑是一种指导思想，它需要其他内容来承载和表达。即，为了实现高强度用脑，你还需要了解大量的高效学习策略。就好像武侠小说中所描述的，一个人单纯拥有高深的内力并不够，他还需要某些具体的武术招式将内力表现出来，才能在实战中产生强大的杀伤力。

这些学习策略有些源自教育学和认知心理学的研究，诸如提取效应、精加工策略；有些则是源自多个行业、不同领域的特殊思维方法，比如结构化思维、流程思维、信息循环等。从下一章开始，我们将依次学习这些特殊的思维方法。

要进入高强度用脑的状态，最好是三个条件同时满足——能够接触到相关理论信息，了解高强度用脑的理念；有强大的动力去克服高强度用脑初期产生的痛苦；懂得具体的学习策略。如果不了解，一切无从谈起。如果你没有强大的动力，只有策略，那么学习的进程就会经历波折和反复——优秀的老师会控制策略的教授，给学生留出心理成长的空间。如果你空有动力而没有具体的策略，痛苦的程度则会比较高，并且试错时间长。如果你没有特殊的机缘去学习具体的策略，也很难深入掌握。

总之，最好三者齐头并进。

4

符合高强度用脑原则的流行理论

——刻意练习、学习金字塔理论与元认知策略

以高强度用脑原理为标尺，我们可以来检验一下目前关于高效学习的流行理论。这是一种双向的检验，我们既可以看看这些流行理论是否真的有效，也可以看看高强度用脑的原理是否深刻，是否对其他理论具有解释能力。

刻意练习

刻意练习是近年来非常流行的学习理论。根据该理论，一个人几乎在任何领域想要达到顶尖水平，都必须经历大量的刻意练习，不论是下棋、打篮球还是学习高中知识。

刻意练习的主要原则包括：

- 在舒适区之外练习
- 有明确的练习目标
- 在练习中能得到反馈
- 高度专注
- 有针对性地提高某些方面的能力

作为对比，普通的练习可能停留在舒适区里，或者缺乏目标、缺乏反馈、无法专注，以及没有针对性地提高某些方面的能力。

对于学习知识来说，显然，如果一个人进行刻意练习，那么他就会处于高强度用脑的状态。

如果他在舒适区之外练习，那么他练习的内容就有相当的难度，而在知识学习中，高难度的内容必然带来更复杂的思维和更多的有效思维量，你还会明显感到大脑有较强的费力感。比如，如果一名高中生连续做了 30 道直接套用定义和公式的基础数学题，那么他的大脑只是简单地调用了几个定义和公式，脑内的有效思维量很少；而做 3 道略高于这名高中生能力范围的题，他可能就不仅要思考基础的公式和定义，还要思考不同公式的适用场景、公式的衍生推论，以及特殊的解题技巧等。

有明确的练习目标意味着练习不是可以随意停止的，要考虑练习后目标是否达成，即你是否真的进步了。如果你的目标是彻底掌握某个英语语法，而做完 10 道改病句的习题后你对此语法还没有彻底掌握，那么你就要继续练下去，这会强制增加你的有效思维量。作为对比，单纯做完 10 道习题后就停止，脑中的有效思维量就更少些。

在练习中得到反馈，以及有针对性地提高某些方面的能力，意味着在练习当中和练习结束后，你必须在大脑中再添加一些思维——我的练习正确吗？那个知识点掌握了吗？哪些地方需要改进？

显然，刻意练习理论与高强度用脑的原理可以相互印证。

学习金字塔理论

在很多年前，中国的网络上开始流行一种叫作学习金字塔的理论。该理论主要是讨论、实践、教授给他人的主动学习方式，比听讲、阅读、试听和演示等被动学习方式的效果更好。该理论还伴有一张被广泛流传的图，如图 3–1 所示。

后来有人查证后发现，所谓“美国缅因州国家训练实验室”根本就不存在，这张图和相应的数据等皆是伪造的，于是网络上又掀起一股潮流，开始大范围地贬低和推翻该理论。

既然这个实验室不存在，那么图 3–1 中学习内容平均留存率的数据也应该是无意义的了。但是，所谓主动学习的效率高于被动学习的效率的总体思想，到底成不成立呢？我们依然从用脑强度的角度去思考。

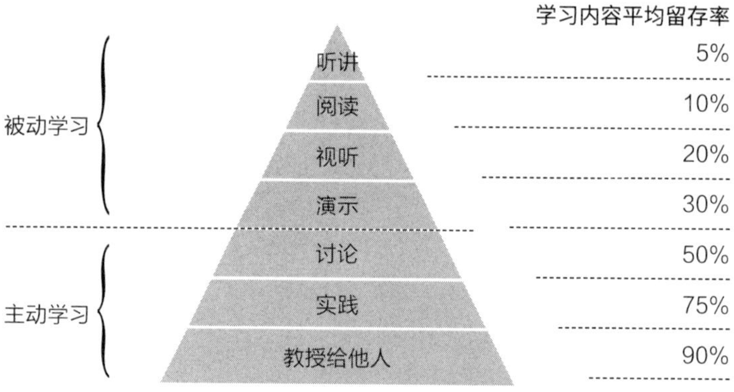

图 3–1 学习金字塔理论

资料来源：美国缅因州国家训练实验室（National Training Laboratories）

如果没有特殊的听课策略与主动调动大脑，普通人单纯地听讲，仿佛坐着听相声一般，大脑中的有效思维量是极少的，即使自己阅读文字材料的时候也好不到哪儿去。如果边听知识讲授边看视频演示，我们或许会在大脑中留下深刻一点的印象，但大脑中依然少有主动出现的有效思维。演示大概可以理解成视听结合的现场版，问题是类似的。

讨论可以作为一个分界线，因为当你与他人进行讨论时，你将被迫开始主动思考。如果没有在大脑中激发出大量的有效思维，你如何向他人传达观点，如何对对方的观点做出回复呢？在讨论互动之中，大脑的有效思维量迅速增多。

而实践则让你的思维量又上升了一个台阶。理解起来并不复杂的化学实验，如果要学生自己动手做一遍，必然会遇到很多隐藏的“坑”。学生就会被迫思考到底是哪里出了问题，比如实验总体原理是对的吗？装置连接顺序有没有错？酒精灯加热温度是否足够？还是哪一节试管在漏气，要不要做气密性检测？

教授给他人则更胜一筹。首先你要亲自实践过——自己都没做过的东西怎么教给别人？还要考虑如何把这些实践要点讲解清楚，以及思考为什么这个人没听懂，甚至要回答别人提出的各种奇奇怪怪的问题——每一项都会让你做出大量思考，头疼不已。

所以，从用脑强度的角度去考量，我们会发现学习金字塔理论中所做的学习方式效果排序有一定的合理性，低强度用脑的方法都被放到了被动学习的区域，而高强度用脑的方法则被放在了主动学习的区域。以用脑强度为标尺，我们发现学习金字塔理论有一定的可取之处，只是图3–1中的学习内容平均留存率数据可能不是准确的。

当然，不仅从高强度用脑的理论上去推论是如此，我十几年来对学习策略的研究，以及面对大量学生的一线教学经验，也与学习金字塔理论的排序大致相符。

元认知策略

20 世纪 70 年代，心理学界提出了“元认知”的概念，并在随后的几十年里不断丰富相关理论。元认知策略指的是学生应当主动对自己的学习过程进行管理，包括制订学习计划、监控学习过程、进行反馈调节等几个环节。

在早期的教学实践中，以上几个环节几乎都由老师来安排，学生的参与度非常低，全世界基本如此。在中国的中学教育活动里，这样的状态则一直维持到了现在。老师和学校的考量是学生的能力不足以参与上述环节，并且这些环节很消耗时间和精力，应该由老师代劳才行。

元认知策略提出，如果学生能够一定程度地参与上述环节，并不会因此分散精力、降低学习效率，反而会取得更好的学习成果！

从用脑强度的角度考虑，如果学生需要参与制订计划、监控学习过程、进行反馈调节等环节时，那么他所考虑的问题必然更加复杂，相当于要把自己拔高到老师面对学习问题的层面上，用脑强度将毫无疑问地增加。

元认知策略与我在第二章所提出的学习中心论有紧密的关联。基于元认知策略的结论，如果学生应当参与制订学习计划、监控学习过程和反馈调节等过程中，那么学生自然应当是学习的中心。即便仍有部分学习管理任务需要由学校和老师承担，但也最好将学生作为中心，把学校和老师所收集和分析的信息汇集给学生，由学生自己进行统一调配。尽管上述过程对于年幼的学生来说有些难度，但这是高效学习者的最终落脚点。

让我们做一下总结。不论是刻意练习、学习金字塔理论还是元认知策略，都与高强度用脑的原理相互印证。实际上，除了这些在教育领域流行的理论，在本书后续章节中将要介绍的诸多思维方法和学习策略，都在某些原则和执行细节中蕴含高强度用脑的原理。

本章结语

如果没有高强度用脑，你的学习就很肤浅，所谓的努力只是停留在体力上，而没有入脑，就像机器在空转，并没有做功。绝大部分高效学习策略都需要融入高强度用脑的原理，这一条学习的哲学能够指导我们对各类学习方法的有效性进行初步判断。

一起思考以下这些问题：

- 你学习时有没有进行高强度用脑？
- 学习不同学科的用脑强度一样吗？哪些学科的用脑强度高，哪些学科的用脑强度低？
- 你这些学科的成绩如何？
- 当你尝试高强度用脑时，自己有怎样的感受？
- 你遇到高难度的练习题会产生怎样的感受？大脑状态如何？

这些问题的思索往往能给学生带来启发。

在本章的最后，我需要强调几个事项。

第一，用脑强度的提高是循序渐进的过程。你不大可能短时间内从很低的用脑强度跃升至极高的用脑强度，因为用脑强度涉及大脑的生理性变化，你需要给大脑重构的时间。这就如同练习长跑一样，一个宅男很难通过 7 天的训练变成马拉松选手，他需要在漫长的时间里一点点地加大训练量，才能最终增强自己的身体素质。

第二，随着用脑强度的提高，身体状态对用脑强度的影响越来越大。如果你的身体状态有问题，那么你的用脑强度就很难提升到高水平。如果你的身体状态一般，在学习初期，你依然可以把自己的用脑强度提高到中等水平；但再想提高到高水平，你就会发现大脑的痛苦程度突然加重，并且未能给自己带来学习效率的提升。这种时候往往就已经触及你的大脑生理上限了。高强度用脑需要消耗大量的能量，充足的能量供应才能保证高强度用脑的施行。你不需要变成身体强悍的运动员，但基础的健康依然需要保证。那些想要执行高强度用脑理念的同学，需要格外留意本书的最后一章内容。

第四章

结构化思维

——让你逻辑清晰、思维有序的技巧

信息越多、越杂乱，我们越需要让自己逻辑清晰、思维有序，这是高效学习的基本法则。

逻辑清晰、思维有序不是天赋，而是人人可以训练的思维方法。

1

我们的大脑需要结构
——一种性价比极高的思维方法

世上的思维方法有很多种，而当一名中学生决定开始学习一些思维方法时，我会把结构化思维排在他学习清单的第一位。因为它可以算作一切思维方法之母。

将结构化思维的地位放得那么高，是因为它是一种很高端的技巧吗？其实并不是。在我的思维方法研究体系里，结构化思维只是一种初级技巧。如果一名中学生学完我的中学生学习策略课程以后，也会发现自己能够掌握不少比结构化思维更深刻的方法。但结构化思维拥有很多重要的优点，让任何中学生都无法忽视。

第一，结构化思维是一种非常简单易学的方法。在学习一种方法时，很多人会担心自己能否学会，是不是需要很聪明、很有悟性，或者付出极大的心血才能学会。对学习者来说，学习成本越低的方法就越容易有高性价比。很高兴告诉你，结构化思维就是这样一种学习成本很低的方法，是一种大多数普通人都能学会的方法。实际上，在小学阶段就可以对学生进行初步的结构化思维意识的培养，到了初中阶段以后，完全掌握结构化思维就不会有任何能力上的问题了——只要你肯学。

第二，结构化思维是一种用途非常广泛、使用频率非常高的方法。如果你花 20 万元买了一辆车，结果整日停在车库里，10 年间只开了一两次，那么这 20 万元基本上算是白白浪费了。如果你每天都在开车上下班或者经常出去旅游等，这辆车给你带来了极大的便利，那么这 20 万元就花得很有价值。同样的道理，一种思维方法如果应用面非常广，使用频率非常高，那么它就更有价值，更值得去学习。

结构化思维的应用极为广泛和高频。它几乎在所有学科学习中都能用得上，包括但不限于中国高考中的语、数、英、物、化、生、政、史、地 9 门学科。另外，结构化思维在中学生学习的绝大多数环节里也能够用得上，不论你是在听课、做笔记、整理错题，还是在进行期末复习，都可以用它来提高学习效率。

它对于成年人的工作应用也非常重要，在写文章、做项目策划、思考商业格局等任务中全都派得上用场。实际上对于任何人——不论是成年人还是学生，结构化思维都应该像一种基础工具一样，频繁出现在我们的工作和学习中。比如我的日常工作是看书、写作和开发课程，我每天至少会应用到十几次甚至几十次结构化思维，甚至如鱼不知水一样没有意识到自己在用这种方法，因为早已习惯成自然了。

第三，结构化思维能够带来显著的效率提升。如果不懂得结构化思维，你的学习和工作就容易变得琐碎而混乱，而懂得结构化思维的人能够清晰而有条理地思考，效率提升不可估量。在最初进行思维方法研究时，我曾经疑惑过，这样一种初级的方法能有多大用处呢？但我在 10 多年的时间里，一次次见到那些不懂思维方法的学生和成年人，因思维混乱将 1 小时能做完的学习任务和工作搞成了需要 2 小时、5 小时，甚至 1 个星期才能完成！这样惨痛的案例告诉我，结构化思维确实是一种对所有人都有意义的方法。

也有机构统计过，在考上清华、北大和其他重点高校的学生中，结构化思维的使用频率远高于普通学生。一名高考状元说："我按照结构化思维的方法去学习，高中两年从年级 100 多名进步到成为本市的高考状元。"另一名重点大学的学生则说："我按照生物老师的要求，用结构化思维的方式去学习生物，结果生物成绩取得了巨大的进步，最终考上了重点大学。不过我真傻，居然没有想到用类似的方法去学习其他课程。"

综合来看，结构化思维这种方法，不仅能显著提高你的思维清晰度和工作效率，而且使用的范围非常广，使用的频率也非常高，对大部分工作、学习都有帮助，同时它学起来还比较容易！如此看来，它的性价比实在是太高了，所以我将它列在诸多思维方法的第一位，推荐所有人学习。对任何想要高效学习和工作的人来说，都应该将结构化思维训练成一种思维本能。下面让我们一起打开结构化思维之门。

我们首先来看一组趣味测试题。

方框中有 8 个由线条构成的图形，请在 30 秒内记忆下来并默写。

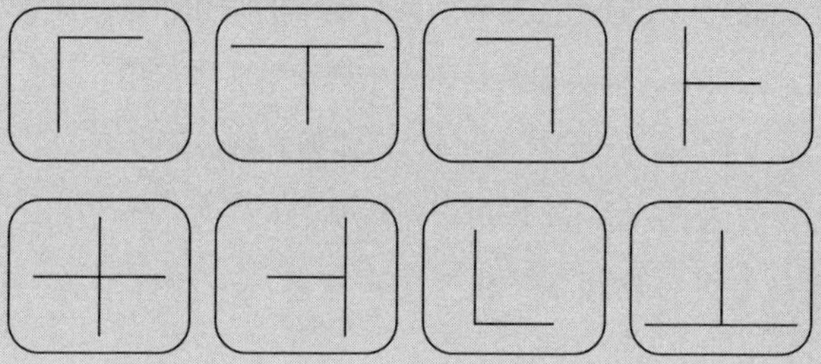

你能在30秒之内把它们全都记忆下来吗？请自己测试一下，看能不能默写出来。

如果你真的默写出来了，再来看看这组题的进阶版。

请在2分钟内推断出第9个格子里是什么图形。

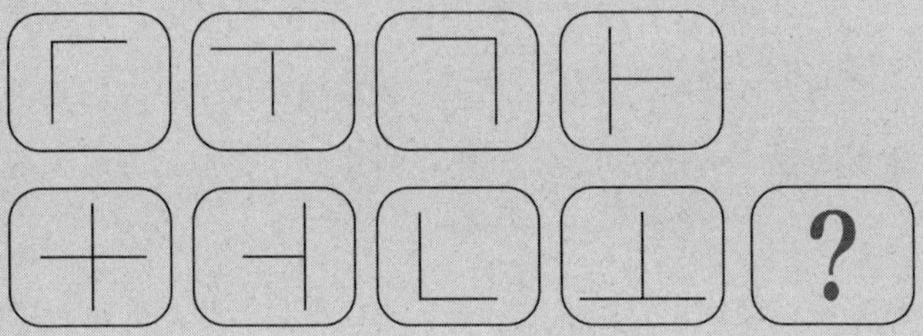

如果你没有推断出来，没关系，我可以将答案告诉你，第9个图形应该是：

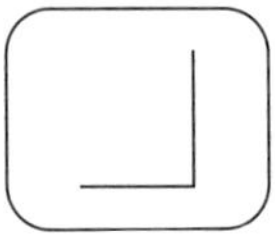

也许你还没弄懂为什么第9个图形应该是这样的，不用管，暂且把这个答案记下来。

让我们假设以上这组题是高中某堂课中的小知识点，这意味着，几周或者几个月之后，这些知识点还会出现在某些考试中。尽管这一次你认真地记住了答案，但考试的时候你还能做对吗？

如果我们把上面的几个图形重新排列一下，换一种结构呢？

其实就是九宫格里的“田”字，被换成了题目中的一行4个小方框。

现在，你是不是立刻就记住并理解了？带着这个新结构所呈现的规律，即使过 3 个月再考一次，你也一定能够记得了。

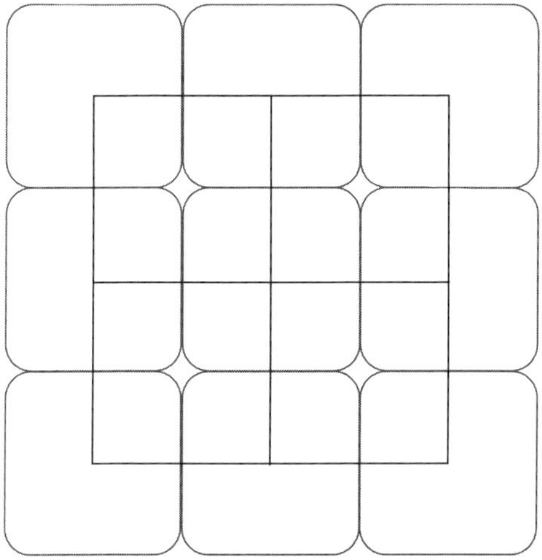

如果给我们一些没有结构的零散信息，那么我们就需要去记忆每一个信息，数量可能多达数十个。但如果给我们一些有结构的信息，需要记忆的信息数量就会大幅减少，在极端情况下甚至可能只用记住一个信息——那个结构本身。对于大脑来说，有没有发现信息中的特殊规律，是非常影响信息理解和记忆效率的。

也可以用这样一个类比案例来理解结构的作用。你需要把一堆物品带到 10 千米外的地方，包括两个轮胎、一个三角形支架、一个置物框、一个铃铛、两根松紧控制线、一个座板……总之就是一堆零件。现在你有两个选择。第一个选择，你找一个大号麻布袋子，把这些零件装起来，然后费力地背在肩膀上，扛过去。第二个选择，你意识到这些零件是可以组装出一个特殊结构的——一辆自行车，然后骑着这辆自行车蹬 10 千米。

显然第二个选择更高效一些。

再来看一个更贴近中学生学习的案例。一名高中生在上英语课，老师对过去几周内做的十几张英语试卷中的语法题进行了集中讲解，高中生则跟着老师的讲解做笔记。一堂课下来，根据自己所记录的笔记，他发现需要掌握的知识点和例句很多，有十几个，包括：

- That he will go home has upset all of us.这种是that引导的主语从句。
- We all know that we will win.这是及物动词后接宾语从句。
- 表语从句的通用结构是系动词+表语从句，例句：The fact is that we have already spent all the money.
- 及物动词后接宾语从句，由it做形式宾语，例句：I made it a rule that I run 5 miles a day.
- It's obvious that they will not finish the job in time.这是主语从句的一个类型：It+连系动词+形容词+that从句。类似的还有It+连系动词+名词+that从句和It+连系动词+过去分词+that从句。
- We are discussing whether he can work it out.这也是及物动词后接宾语从句，是由whether引导的从句。
- Whether you can succeed or not depends on how hard you try.这是由whether引导的主语从句。
- 部分介词后面也可以带宾语从句，如except、but、besides等。例句：I know nothing about him except that he is from German.
- wh－类词，包括who、whoever、what、whatever、when、whenever等，可以引导主语从句，例句：Whatever was said here must remain secret.
- 表语从句中要注意，如果主句的主语是advice、suggestion、

order、request、requirement等名词时，表语从句用虚拟语气，例句：My suggestion is that we should put it aside for a few days.

- 表示感受的形容词后跟宾语的从句，如sure、sorry、happy、surprised、afraid等。例句：I'm sorry that I have caused so much trouble.

面对十几个语法知识点，你是否感觉非常凌乱，头脑几乎要崩溃了？

不少中学生学习时——不仅限于英语——就是这种状态，他们学习的材料非常凌乱。中学生有不少学习时间是在进行试卷听讲、改错和总结，老师一边讲试卷和练习作业，一边补充各类知识点。因为试卷上的错题是零散的，所以老师补充的知识点也是零散的，于是中学生就跟着记录下这些零散的知识点，然后尝试学习它们。

我们换一种结构重新组织上面的学习材料，看看学起来会不会更容易一些。

本月系统学习的英语名词性从句包括三大类：

一、主语从句
二、宾语从句
三、表语从句

主语从句：

1. that引导的主语从句

   例句：That he will go home has upset all of us.

2. 形式主语it代替主语从句，that引导的从句后置，包括三种情况

（1）It+连系动词+形容词+that从句

例句：It's obvious that they will not finish the job in time.

（2）It+连系动词+名词+that从句

例句：It's good news that you didn't fail the exam.

（3）It+连系动词+过去分词+that从句

例句：It's said that over 100 people have died of this disease.

3. whether引导的主语从句

例句：Whether you can succeed or not depends on how hard you try.

4. wh－类词引导的主语从句（包括who、whoever、what、whatever、when、whenever等）

例句：Whatever was said here must remain secret.

宾语从句：

1. 及物动词和动词短语带宾语从句

（1）that引导的从句

例句：We all know that we will win.

（2）whether引导的从句

例句：We are discussing whether he can work it out.

（3）使用形式宾语it的从句

例句：I made it a rule that I run 5 miles a day.

2. 介词带宾语从句，如except、but、besides等

例句：I know nothing about him except that he is from German.

3. 形容词带宾语从句，如sure、sorry、happy、surprised、afraid等

例句：I' m sorry that I have caused so much trouble.

表语从句：

1. 主要结构为系动词+表语从句

例句：The fact is that we have already spent all the money.

2. 注意事项：表语从句中的虚拟语气

如果主句的主语是advice、suggestion、order、request、requirement等名词时，表语从句用虚拟语气。

例句：My suggestion is that we should put it aside for a few days.

是否感觉这种带着结构的信息学起来轻松一些了？很明显条理清晰、层次分明，看着没有那么累了。如果将上述知识点画成一个结构图，甚至会更加简洁易懂，如图 4–1 所示。

图 4–1 就是在按照结构化思维的方式来进行学习，是对结构化思维的初级应用。后面我们还会讲到更多的高级应用方法，但在此之前我们需要清晰地定义什么是结构化思维。

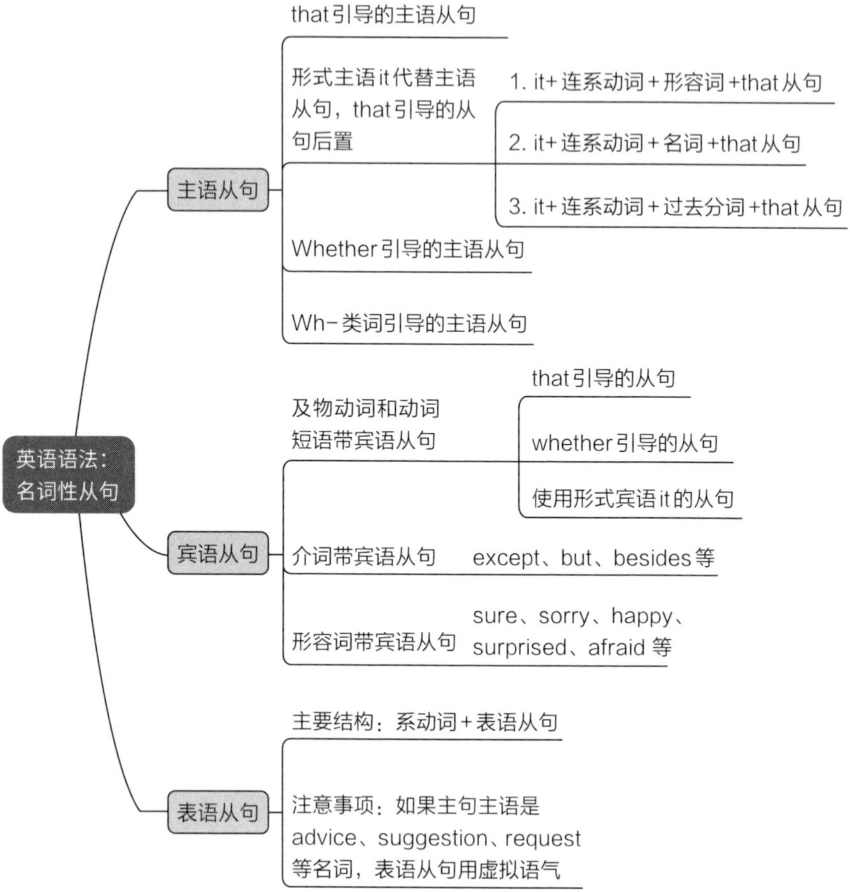

图 4-1　英语名词性从句语法

2

结构化思维的本质

——抓住两大核心要素，轻松掌握结构化思维

经过上一节细致的举例和引导之后，在本节的一开始，我们可以对结构化思维给出一个准确的定义：

> 结构化思维是一种从整体到局部、从框架到细节的思维方式。它要求思考者不先入为主，不会过快地陷入细节，而要经常留意事物的整体框架，在框架的基础上去拓展细节。

带着这个定义去回顾一下上一节中英语语法的案例，我们发现第一种学习方式就是陷入了细节——很多零零散散的英语从句例句和具体的语法解释；而第二种学习方式就是从框架到细节——先列出主语从句、宾语从句、表语从句几个大类，再细致讲解每一个大类中有什么细致的要点。显然，第二种学习方式看起来更清晰一些。

为什么从框架到细节的思维方式更清晰呢？这与我们大脑的运算能

力有关。大脑的运算能力是有限的，不能一次性处理太多信息，所以对于语法、句型这样难度较大的抽象信息来说，同一时间接触 3~5 条就已经是上限了，再多就会让人产生混乱的感觉，这是大脑的一种类似于电脑CPU（中央处理器）过热警报的机制。当我们缺乏宏观框架，直接把一大堆细节摆出来的时候，大脑就会默认为这些内容是平行的、同样性质的。比如刚才学习英语的案例中，大概有十几个语法要点要学习，大脑就会觉得太多了，学起来太累。

但是当我们做好了一个从框架到细节的结构以后，大脑一次性接触的信息量就会降低了。大脑先看总体结构——要学习主语从句、宾语从句、表语从句——只有 3 条信息，很容易接受。然后大脑看每一个大类，比如主语从句有 4 种情况，并不多；其中第二种情况又细分为形容词、名词、过去分词 3 种搭配，也可以理解……尽管加起来的信息数量不变，但由于结构清晰，每一次只需要处理 3~4 条信息就够了，大脑的负担快速减轻。

为了达到这种快速减轻大脑负担的效果，我们需要把握住结构化思维的两个核心要素——分类和层级。

结构化思维之所以简单易学，正是因为核心要素只有这两个并不复杂的概念。你或许会惊讶于这两个简单的概念怎么能组合成一种强大的思维技巧，在本节中我会先告诉你结构化思维的技巧，但结构化思维不仅是一种技巧，更是一种意识。

分类

围绕一件事情、一个中心主题，会有很多细分的小要点、小项目，如果对这些不加以整理，随意拿出来，就会使人感觉杂乱，而分类能够使它们变得清晰。

所谓分类，就是将具有相同属性的事物放在一组。

我们从很小便开始学习对事物进行分类，如猫和狗是一类，蓝色和黄色是一类。稍大一些，我们学习的分类会更加细致，如浅黄和橘黄是一类，天蓝和深蓝是一类。分类还逐渐走向抽象，在复杂的领域，如全等三角形和相似三角形是一类，指数、对数、三角函数是一类，而椭圆、抛物线和双曲线是另一类。

分类的时候有两个原则：

> 第一，不同的分类之间最好不要有重合。
>
> 第二，各个分类加起来最好能够覆盖所有的情况。

简单来说，就是不重不漏。

比如，将中学的数学分为几何与代数是可以的，但分为代数与平面几何就不可以了，因为漏掉了空间几何——违反了不漏的原则。如果将语文分为阅读理解、写作、文言文和议论文，也是不可以的，因为写作中包含了议论文写作，阅读理解中也有议论文阅读——违反了不重的原则。

但在复杂的现实操作中，这两个原则往往并不能保证绝对满足。比如在高中学习生物细胞时，涉及各种细胞器的讲解，在讲解每个细胞器的作用时，会分别讲到线粒体、叶绿体、高尔基体和内质网等的作用，而在讲解细胞间协作和细胞的生物膜系统的时候，又会讲到高尔基体和内质网的运作。这样，对高尔基体和内质网这两个细胞器的讲解就存在重复，所以很难做到绝对化的不重不漏。

所以在现实操作中，我们只需要尽量按照这两个原则去进行分类就好了，无法绝对满足也没关系。有些重要内容多次出现，可以允许重复；有些难度高而分值极低、出现概率极小的内容，可以允许有少量遗漏。

层级

层级的概念也很简单，就是指一种事物的纵向深度。

比如，你在淘宝网购买物品时，需要填下自己的详细地址。一般来说，你会这样写：

> 中国浙江省杭州市西湖区龙溪路丰湖小区 5 栋 × × 号。

这是一种典型的顺序层级排列，让人感觉条理清晰、容易理解，跟随着文字的阅读，人的注意力会自动聚焦。如果层级排列混乱，我们理解事物时就会困难很多，比如这样写：

> × × 号，杭州市，龙溪路，中国，西湖区，丰湖小区，浙江省。

如果你像上面这样写，卖家说不定会拒绝发货。

很显然，浙江省与江苏省、四川省是同一个层级，而杭州市则和绍兴市是同一个层级，浙江省则是杭州市的上一级。在思考、分析问题的时候，一般是先规划高层级的内容，再去规划低层级的内容。

将分类和层级结合在一起，就得到了结构化思维。

结构图的制作

将结构化思维以图形的方式表达出来，我们就得到了结构图，也可以叫作思维导图。

思维导图有几种不同的样式，如下图，但其本质上都是结构化思维的展现，核心没有区别。网络上比较流行的是图 4–3 和图 4–4 的样式，大部分思维导图软件也会自动生成此种样式，而我个人在纸上画图时则比较偏向于图 4–2 的样式。

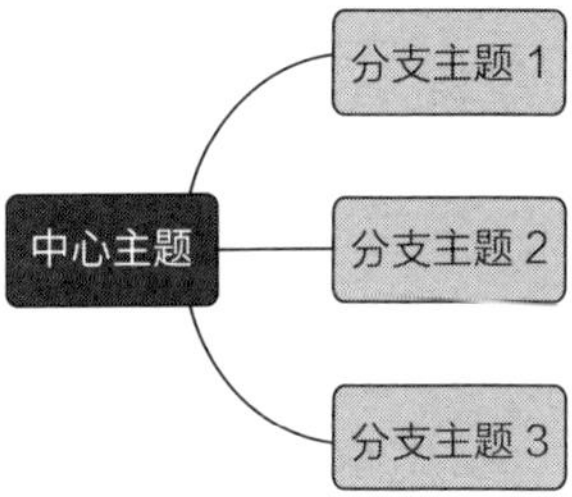

图 4–2　思维导图样式

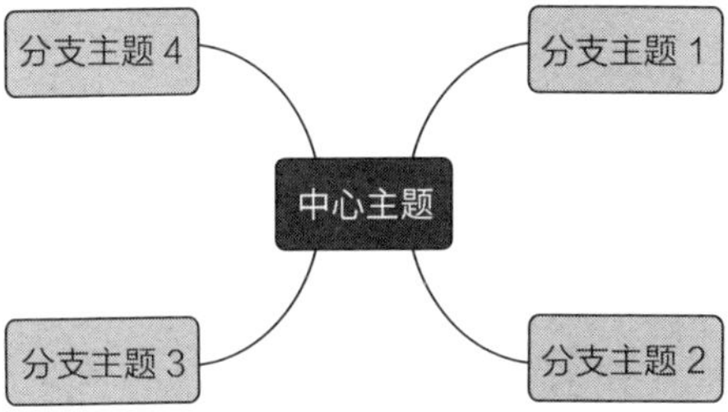

图 4–3　思维导图样式

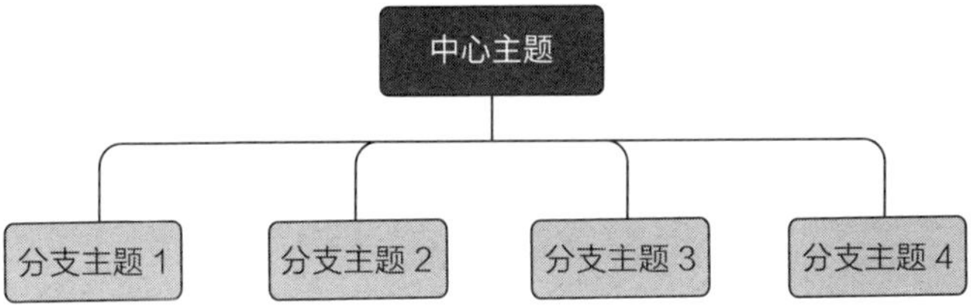

图 4–4　思维导图样式

以图 4–3 样式为例，说明一下思维导图或者结构图的制作方式。一般按照以下几个步骤进行：

第一步，在纸上写下中心主题。

第二步，从中心主题开始做自由联想，列出所有能想到的信息。这一步完成后，纸上会显得有些混乱，没关系。

第三步，将所列出来的信息进行整理，做出分类和层级。在这一步，你可能需要换一张纸。如果你对于结构化思维的使用已经特别熟练了，可以在大脑中完成第二步，就不需要更换纸张了。

第四步，检查分类和层级，是否做到分类不重不漏、层级清晰，并进行相应修改。

总之，结构化思维的核心在于分类和层级是否清晰、严谨，只要达到了这个目的，结构图就是有效的。

3

阅读、知识整理、笔记与错题本

——结构化思维的通用方式

带着结构化思维的基础知识，我们来看一看如何在学习中进行应用。不论哪个学科，你都能在其中找到结构化思维的用武之地。

结构化思维用于阅读

不论哪个学科，阅读课本都是重要的学习方式，如果我们能够使用结构化的方式进行阅读，学习效率自然会提升。

中学阶段的课本是典型的结构化写法，如数学、物理、化学、生物、地理、政治、历史等，只要你留心，可以非常明显地看出课本内容的分类和分层。对于这样的信息，如果你能够按照结构化思维的方式去理解，自然能够做到更加准确和高效。这就像识破了编写者的密码，学习知识的时候如同庖丁解牛一般精准、清晰。

注意标题与目录

利用结构化思维进行阅读时，标题与目录是非常值得注意的，它们往往就是框架的重要节点。当你掌握了一本书的标题与目录后，基本就能掌握一本书的大致内容与方向，并在脑海中构建一个整体框架。

我建议你试着在阅读的时候首先注意目录与标题，它们就像GPS（全球定位系统）一样让你不会迷失。如果你在阅读的过程当中出现了这种疑惑——作者到底想要讲什么？你也可以随时跳出当前阅读的章节，翻到目录页上看看。

这种结构化阅读方式能够提高你的阅读效率，因为这种方法常常能够还原编写者的写作路径。写作的时候，他们往往并不会直接从第一个字开始顺着写，而是先在脑海中或者草稿纸上画一个结构图——我要写的这个主题分为几大类？每个大类分为哪几个小类？每个小类又有几个更小的要点？而标题和目录常常就是作者脑海中或草稿纸上最初的东西。

对于根据标准的结构化思维写出的课本，目录往往就是它的结构图，学会关注目录与标题，能够节省很多时间。对于一个章节、一篇文章来说，段落标题和段首的第一句话往往相当于它的目录，也需要特别注意。

复杂信息更需要结构化

对于各类没有经过组织加工的信息，我们的大脑有一定的原始理解能力，但这种理解能力很有限，若信息量较大，我们的大脑就无法驾驭了。你或许可以不用结构化思维就能自动理解一篇小短文，但对于几千、几万字的复杂论文，甚至几十万字的书籍，结构化思维就是一种必备的能力。

我要反复强调，人脑对于复杂信息的处理能力是多么羸弱。在连续阅读几百、几千字后，你很容易迷失在细节信息当中，而遗忘了整体框架。这种遗忘会让你感到困惑：我读的这个是什么？我为什么在读它？

一个典型案例是我自己的高中经历。在高中时期，生物是我学得最差的一门学科，我只能拿到大致80%的卷面分数，这一门在考试时扣的分数往往比数学、物理两门加起来还多。生物这门学科最大的特点就是知识点很多并且杂乱，我常常感觉学了那么多知识点却仿佛没学过一般，完全不知道生物这门课在讲什么。我只好去死记硬背那些知识点，在脑子里一片蒙的情况下，通过强行刷题来提高正确率。现在回顾起来，我当时就是陷入了细节，缺乏对宏观框架的整体认识，因而使我对生物有一种很蒙的感觉。实际上，要解决这种很蒙的感觉并不难，只需要我从琐碎的知识点中跳出来，去看一看课本的目录就好了。比如人教新课标版高中生物必修1的目录是这样的：

第1章　走进细胞
第2章　组成细胞的分子
第3章　细胞的基本结构
第4章　细胞的物质输入和输出
第5章　细胞的能量供应和利用
第6章　细胞的生命历程

这样一看，我就立刻清楚了，原来一整本书就是在讲一些关于细胞的知识。第1章算作引言，让中学生大致了解下细胞是什么；第2章了解下细胞的微观组成——分子；第3章看一看细胞的基本结构，就是各种细胞器及其作用——生产什么产品；再看看细胞这个大工厂是如何进口原料和对外运输产品的，这就是第4章了；再学一学细胞这个大工厂的能量供应和利用——第5章；最后是细胞所经历的生老病死——第6章。课本就是这些内容。

如果进一步按照结构化的方式看整个高中所学生物的内容，会发现其实也没有多复杂，不过是三个大类而已：一是分子与细胞；二是遗传与进化；三是稳态与环境，再加一点实验内容。而我当年正是没有把握这些宏观框架，学分子与细胞的时候迷失在各种细胞器的具体作用上，学稳态与环境的时候迷失在激素的种类中，以及被一大堆琐碎的实验操作细节弄晕了头脑。如果懂得结构化思维中从整体到局部、从框架到细节的思路，我当时就不会学得那么痛苦了。

这是生物学科与数学、物理、化学这几个学科的区别。论难度，数学、物理比生物更难，但数学、物理的难点主要体现在微观层面上，即具体的题型很难、解题技巧很高深；在宏观层面上，数学和物理的知识点数量并不多。这种特点决定了，对于那些比较聪明的学生来说，即便没有结构化思维，影响也没有特别大（当然有的话会更好）。因为知识点数量较少，知识点间逻辑联系紧密，往往通过一个点、一个题目就可以通过逻辑关系带出来一大片知识内容。

生物这门学科则相反，微观层面上比较容易，难度主要在于宏观层面上——知识点数量多、内容庞杂。面对众多杂乱的信息，如果没有结构化思维的帮助，中学生是很容易迷失在细节里的。

同样的问题也出现在地理和历史这样的学科里。与生物类似，这些学科中的知识点非常多而零碎，尤其是地理。越是零碎的内容，越容易让你迷失其中。一个个陌生的知识点让你感到疑惑和焦虑，吸引着大脑意识不断追着它们跑。于是，很多学生会像我当年学生物一样，跟着那些知识点绕圈圈，最终绕到自己头脑发蒙依然不知道这门课到底在讲什么。

在这种时候，请记得从细节中跳出来，返回课本的目录与标题，并绘制出一个详尽的结构图。对于初三、高三处于复习阶段的中学生来说，由于要统筹好几本书的知识内容——比如高中生物有6本书——你可能需要做一个超大型结构图。有些优秀的中学生会去购买那种1平方米的超大型纸张来绘制课本上的知识点结构图。

当你有了总体结构以后，再带着一种宏观的认知去学习那些知识点，就不会迷失在细节里了。就像天上的卫星先拍摄地面上的景色，再绘制成清晰的地图一样，可以逐级调节焦距，既能缩略到大陆、国家，又能具体到街道建筑，非常清晰。

语文阅读题的案例

将结构化思维用于阅读，需要将语文这门学科单独拎出来说一说，因为在语文学科中阅读占据的比例很大。这里我们重点讲一下关于高考中论述类阅读题的应用。下面是2017年高考全国卷Ⅰ卷语文的一篇阅读题。

气候正义是环境正义在气候变化领域的具体发展和体现。2000年前后，一些非政府组织承袭环境正义运动的精神，开始对气候变化的影响进行伦理审视，气候正义便应运而生。气候正义关注的核心主要是在气候容量有限的前提下，如何界定各方的权利和义务，主要表现为一种社会正义或法律正义。

从空间维度来看，气候正义涉及不同国家和地区之间公平享有气候容量的问题，也涉及一国内部不同区域之间公平享有气候容量的问题，因而存在气候变化的国际公平和国内公平问题。公平原则应以满足人的基本需求作为首要目标，每个人都有义务将自己的“碳足迹”控制在合理范围之内。比如说，鉴于全球排放空间有限，而发达国家已实现工业化，在分配排放空间时，就应首先满足发展中国家在衣食住行和公共基础设施建设等方面的基本发展需求，同时遏制在满足基本需求之上的奢侈排放。

从时间维度来看，气候正义涉及当代人与后代之间公平享有气候容量的问题，因而存在代际权利义务关系问题。这一权利义务关系，从消极方面看，体现为当代人如何约束自己的行为来保护地球气候系统，以将同等质量的气候系统交给后代；从积极方面看，体现为当代人为自己及后代设定义务，就代际公平而言，地球上的自然资源在代际分配问题上应实现代际共享，避免“生态赤字”。因为，地球这个行星上的自然资源包括气候资源，是人类所有成员，包括上一代、这一代和下一代，共同享有和掌管的。我们这一代既是受益人，有权使用并受益于地球，又是受托人，为下一代掌管地球。我们作为地球的受托管理人，对子孙后代负有道德义务。实际上，气候变化公约或协定把长期目标设定为保护气候系统免受人为原因引起的温室气体排放导致的干扰，其目的正是为了保护地球气候系统，这是符合后代利益的。至少从我们当代人已有的科学认识来看，气候正义的本质是为了保护后代的利益，而非为其设定义务。

总之，气候正义既有空间的维度，也有时间的维度，既涉及国际公平和国内公平，也涉及代际公平和代内公平。因此，气候正义的内涵是：所有国家、地区和个人都有平等地使用、享受气候容量的权利，也应公平地分担稳定气候系统的义务和成本。

（摘编自曹明德《中国参与国际气候治理的法律立场和策略：以气候正义为视角》）

在做阅读题的时候，我们需要先给这篇文章做一个简单的结构图。

这是一篇关于气候正义的文章，它的结构见图 4–5，图中的数字表示文中的自然段。

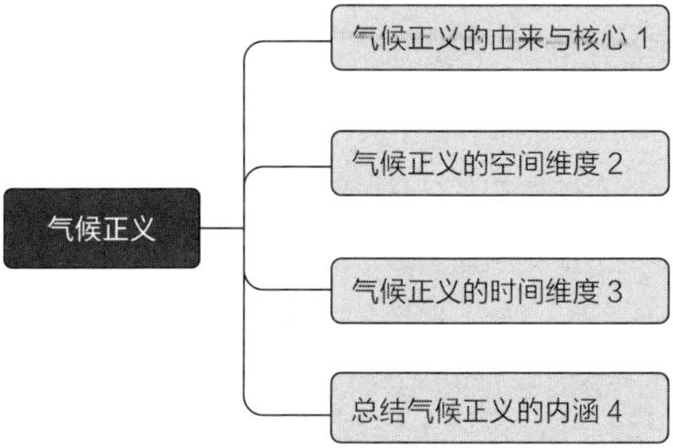

图 4–5 “气候正义”文章结构

该阅读题下的一道题目是这样的：

下列关于原文内容的理解和分析，正确的一项是（ ）

A. 为了应对气候变化，非政府组织承袭环境正义运动的精神，提出了气候正义。

B. 与气候变化有关的国际公平和国内公平问题，实际上就是限制排放的问题。

C. 气候正义中的义务问题，是指我们对后代负有义务，而且要为后代设定义务。

D. 已有的科学认识和对利益分配的认识都会影响我们对气候正义内涵的理解。

在做题的时候，我们要逐一判断选项是否正确。比如C选项是正确的还是错误的呢？我们一次性看完文章后不可能把细节记得那么清楚，此时面对问题，需要返回文章中去找答案。那么去文章的哪里找呢？

有些人缺乏结构化意识，直接从文章的第1段开始找，进行地毯式搜索。这样太慢了。如果掌握了结构化思维，先做出文章的基本结构图，那么能立刻意识到，C选项提到了后代，那么肯定是时间维度上的问题，这是第3段在讲的内容。所以我们找答案的时候可以略过第1、2、4段，从第3段开始找起，这样就加快了阅读速度。

可以看到，结构化思维能够帮助我们对文章进行清晰的定位，提高我们的阅读效率。

结构化思维用于知识整理

结构化思维可以用于阅读，但这对中国的中学生来说是不够的。中考和高考的考查范围和难度经常会超出课本，高考尤其如此，所以老师在讲课的时候经常会补充很多知识点，而我们需要对这些知识点进行额外整理。

上课时，老师在讲解课本中的某个知识点时，会突然说："下面我补充几个衍生公式，是书上没有的，你们记一下。"在试卷中也可能会出现一些你从没在课本上见过的细节知识点——某些陌生的单词或语法，没听说过的实验试剂，以及区域地理中的一些气候特色等——然后老师在讲解试卷的时候就会顺便解答了。对于中学生来说，一般会跟着老师的节奏进行补充，比如老师既然在讲试卷的时候补充了这个知识点，那么我就在试卷旁边的空白处做记录，然后把试卷收藏起来。

这些零零散散补充的知识点，如果你没有进行细致整理，就会越堆越多，而且显得杂乱无章。大脑对于杂乱而无组织的信息能够记忆的数量是很有限的，一节课补充的知识点你或许能记下来，但几节课补充的知识点加起来就不一定了。而几年的补充内容合在一起，如果不进行有效的结构化整理，那么必然乱成一团，就像未经清扫的垃圾堆一样。最后，你根本不知道这一堆东西是什么、有什么用、该怎么用。

所以我们有必要对这些补充的知识点按照结构化的方式进行整理。一般来说，我们可以按照以下步骤来操作。

第一步，先对课本已有知识点进行结构化整理，做出分类和层级。如果连课本基础知识都不清楚，那么补充的知识就更难学好了，因为大部分补充知识都是对基础知识的衍生和拓展。

第二步，观察补充的知识点，思考它属于原有课本基础知识中的哪一类的下级或平级。当有了明确的分类和层级后，就有了清晰的系统定位，学起来才更容易。比如在试卷讲解时，生物老师补充了某种特殊实验试剂的用法，那我们要思考它属于哪一个分类。它可能是绿叶中色素的提取和分离实验的相关内容，那么我们就应该在大脑中将其整理如“细胞—细胞的能量供应和利用—光合作用—绿叶中色素的提取和分离实验—部分实验试剂的代替品”的结构中。

第三步，按照其结构化定位，在笔记本的相应位置进行知识补充。零散知识一定要有专门的笔记本进行整理，不能单纯地堆积在试卷或者其他资料上；补充零散知识的时候也一定要放置在对应结构中，而不能乱写。很多中学生习惯在一本书学完后，把那些补充的知识点随意地记在笔记本的最后，这样是混乱的，并不利于学习，必须进行结构化整理。

结构化思维用于笔记

记笔记的策略有很多种，结构化笔记是其中比较基础的一种——但仍然值得重视。

在大部分情况下，课本是按照结构化的方式编写的，老师也会按照结构化的方式讲课，但如果我们碰到了没有按照结构化方式讲课的老师呢？

与费时费力的严谨写作相比，人在讲课或演讲的时候更容易变得条理不清晰，再加上很多讲课者会根据学生和听众的临场反应、提问等进行即时发挥，穿插些其他话题或者讲个与主题不相关的小故事，这就增加了学生和听众的结构化理解难度。此时，我们的课堂笔记就需要对老师的讲授进行结构化改编。

我曾应邀开设了一次讲座，主题是“语文课外阅读的方法”，其结构化的演讲内容是“阅读的技巧”“阅读的心态”“阅读书目的选择”三个模块。

我一边讲，听众一边记笔记。在讲授“阅读的心态”这一模块时，我提到“专注”“慢即是快”“明确目的”这三个要点。讲到一半时，听众中有几名学生提出了自己的问题，一名学生表示自己看课外书时总是感觉很烦躁，不愿意看书；另一名学生也表示自己没法专注，因为最近受到一些感情问题的影响，情绪波动很大。

我对这两个问题做了解答，提出一些比较重要的原则和处理方法。在我解答这两个问题的时候，其他听众继续做笔记，这些笔记和之前听“阅读的心态”这一模块时所做的笔记混在了一起。但是这两个问题对应的内容其实是“学习的动机”和“学生如何应对自己的感情波折”，与之前讲授的“阅读的心态”几乎没有任何联系，只是现场听众的一些个性化问题而已，但其他听众却按照线性顺序，将这些内容记在了一起。

在这种情况下，听众需要对笔记进行结构化整理。即便你认为“学习的动机”和“学生如何应对自己的感情波折”是很重要的、对自己有用的内容，但它们必须与其他的笔记内容分开。你需要把“阅读的心态”模块下的所有内容做一个严格结构化的笔记，而其他内容则单独做一个结构，两者不能混淆，否则逻辑会混乱，会削弱你对两个知识体系的理解。

结构化笔记与结构化知识整理之间有紧密的联系。对于单节课的内容，我们需记录结构化笔记；而对于大量积累性的知识点，则需要结构化知识整理。

一开始我们对于结构化思维并不熟悉，所以在记录结构化笔记的时候，往往是先把所有知识点一股脑儿地抄在笔记本上，等到下课后再按照结构化方式慢慢进行梳理。在大量的练习之后，我们对结构化思维的熟悉度逐渐提高，对于一般的知识内容，几乎可以立刻在脑中形成结构化框架，因此可以在老师讲课的时候将课程内容进行瞬时的结构化改编。这大概需要几个月到一年时间的高频练习。

结构化思维用于错题本

错题本大概是中国学生的一大特色。在大部分省市，学生在初中时便开始学着建立错题本，到了高中，几乎所有学生都会建立错题本，而且不止一科，对于数学、英语、物理、化学、历史等难度较高的学科基本全方位覆盖。

错题本是必要的，但大部分学生的错题本整理得很低效，比课堂笔记所存在的问题更多。其中一个重要的问题，就是大部分学生的错题本没有按照结构化方式去整理。

错题本与课堂笔记的一个重大区别，在于课堂笔记的记录是跟随老师讲课进行的，而错题本的整理则常常是学生自己进行的。老师讲课，即便不是按照标准的结构化方式进行的，也多多少少有些结构化思维的影子，但学生自行整理的错题本就完全不是这番景象了。

假设一名高一的学生在进行物理总复习试卷的错题整理，在一张22道题的试卷里，他错了5道题，分别是试卷的第2、8、13、16、21题。第2题是关于斜面静摩擦的，第8题是关于匀加速直线运动的，第13题是关于天花板悬挂小球的受力分析，第16题是关于高空水平抛物运动轨迹，第21题是关于四个方向的力的合成与分解。于是，他在错题本上整理时也是按照这个顺序抄上去的：2、8、13、16、21。

等到几周后复习时，他打开错题本时，感觉非常混乱——一会儿是受力分析的题，一会儿是匀加速运动的题，一会儿又是受力分析……

很不幸，这种低效率的错题整理方式，正是很多学生在使用的。

还有更严重的情况。如果你不是高一学生，而是高三学生，那么做一张物理模拟卷子时，是包含了整个高中的物理内容的，如果你继续按照之前线性的、非结构性的方式整理错题，那么你的错题本是这样的：一会儿是电路分析题，一会儿是圆周运动题，一会儿是电磁场题，一会儿是受力分析题，一会儿又是电磁场题，一会儿又变成了能量守恒题——你是否联想到了前面讲解层级时那个让卖家拒绝发货的混乱快递地址？

光想一想就知道这样的错题本复习起来有多么低效了。

所以，错题本一定要按照结构化的方式去整理，同一章节、同一类型的错题集中在一起。

不过在实操过程中，很多同学会遇到一个细节问题：该预留多少纸张？

错题本往往在学习开始时就建立了。在第一单元学习完后，学生开始进行错题订正；学习第二单元时，又将有新的错题出现，继续订正在错题本上。那在两个单元之间该预留多少空白纸张呢？因为几个月后会有学期复习，到高三还会有总复习，那时候又会有关于第一单元的新的错题需要订正。很多学生没有预留纸张或者预留纸张不足，等到复习时产生的新的第一单元错题就无法和原有的第一单元错题汇总到一起，于是错题本的结构就开始变得很混乱。

其实在一个单元内部也会存在上述问题。当你订正完第一种类型的错题，准备订正第二种类型的错题时，你同样无法预知后续会有多少第一种类型的错题再次出现，只能模糊地预留出一点空白——往往不够用。

一个小技巧可以解决上述实操问题——活页本。

活页本是指可以随意移动、补充、去除纸张的笔记本，其不像普通笔记本那样用线或者胶水固定，一般用可以开关的金属环来固定。当你想要移动纸张时——比如将第 23 张纸移动到第 15 张前——只需打开金属环就可以了。使用活页本进行错题订正时，就不需要考虑预留纸张了。未来出现同一类型的错题需要订正时，只需要将错题誊在新的纸张上，然后打开金属环，将新的纸张移动到之前同一类型错题的相应位置，即可保证整个错题本的结构不被打乱。

4

结构化思维的误区、局限与升级

——为什么有时候思维导图没有用?

如果我们把结构化思维用图形的方式表达出来，也可以叫作思维导图。大部分学生对于结构化思维这个名字可能会感觉比较陌生，但大概率听说过思维导图。

得益于大量商业机构的宣传，思维导图在最近10年的时间里火遍大江南北。在网络和中小学生的课外书籍中，随处可见形同彩色八爪鱼的的思维导图。但在传播的过程当中，关于思维导图的各种认知误区也跟着其背后的培训机构一起传播开来。由于三人成虎的效果，很多学生和家长不辨真假地将这些认知误区当作真理，一并收入囊中了。

关于思维导图的认知误区

下面是一些关于思维导图的典型的认知误区。

误区一：思维导图能够开发右脑，促进左右脑平衡发展

在本章的前几节当中，你已经了解到思维导图的本质是结构化思维，它会让你的逻辑思维变得更加清晰。一种提升逻辑思维的工具，怎么会有开发右脑的功能呢？

更何况，开发右脑指的到底是什么？众多培训机构在宣传中所说的开发右脑，大部分是指开发图像记忆力。但目前没有认知心理学或教育学研究能够证实思维导图能明显提高人类大脑的记忆效率。所谓图像记忆更是无从谈起。以我个人与成千上万的学生交流和研究的经验来看，仅有不足 1% 的学生能够通过思维导图提升图像记忆力，并且难以确认他们的图像记忆力到底是在思维导图这个方法的帮助下有所提升，还是之前就已经形成了。

误区二：思维导图最好用彩色笔画 / 鲜艳的颜色能够开发右脑、促进记忆

这一个认知误区与开发右脑的误区是紧密相连的。如果你对思维导图能够开发右脑表示怀疑，培训机构往往会告诉你这是因为你没有用彩色笔画思维导图，而正是鲜艳的色彩能够刺激右脑、开发潜能，让你变成拥有超级记忆力的天才。

鲜艳的色彩确实对记忆提升有一定程度的帮助，在我的学习策略体系当中，也确实有通过颜色来辅助记忆的方法。但这种提升是“一定程度上的”，远远没有达到能够“开发你的潜能”“拥有超级记忆力”的程度。

假设真如培训机构所声称的，鲜艳的色彩能够开发你的右脑潜能，那么众多上过几年美术培训班的小学生中，是否出现了大量的右脑天才？我小时候最爱把各色颜料泼得到处都是，可惜目前右脑能力非常平庸。我还记得小学同桌是名天天拿彩色笔画画的极端美术爱好者，后来由于成绩太差既没考上普通高中，也没考上艺术高中。

所以彩色笔能够开发右脑，你信吗？

总之你需要记住，思维导图的本质就是结构化思维的一种表现形式，而非某种刺激右脑、开发潜能的神器。一句话总结是：不以结构化思维为核心的思维导图，都是假的思维导图。

误区三：思维导图是万能仙丹

假设你是售卖化妆品的商家，你会很愿意吹嘘这种化妆品能够让丑女变美女，而且还对皮肤有益无害；假设你是售卖保健品的商家，你也会很愿意吹嘘这种药能调整身体内分泌、养生健体，乃至包治百病（正如前几年的电视购物中所出现的保健品广告）；假设你是专业进行思维导图培训的机构，你也会很自然地宣称，思维导图有多么神奇、伟大的效果。

他们声称，思维导图能培养你的系统思维、创造性思维、深刻的洞察力和见解、丰富的联想能力、哲学思考水平，包容各种思考形式，让学生、老师、职场人士都爆发潜力，更快、更好地工作和学习，能将效率提升十倍、百倍。

总之，思维导图成了一种万能的仙丹。

思维导图固然是一种有用的工具，但它远非万能。比如练习跑步对身体健康有帮助，但绝不意味着只要你每天跑几千米就能百病不生、健康长寿了。类似的，思维导图只是众多思维工具和学习策略中的一种，它有自己的优点和局限。如果一名学生真的认为使用思维导图能起到超凡入圣的效果，他就有可能忽略提高学习效率的其他要素。他的意识会不由自主地收窄，眼睛只盯着思维导图，幻想着如何通过它来解决一切学习困难，仿佛找到救世主一般——这是我在现实生活中经常碰到的情况。在本书中你会发现，深度学习的策略有很多种，思维导图与结构化思维只是其中一个小小的分支而已，而关于学习策略也有更多深刻的方法。

思维导图的局限

思维导图并非万能，它有不少局限，其中一个局限值得我们特别关注。

由于思维导图的风靡，中国已经有海量的学生和学校进行过大规模的思维导图应用实践，结果也褒贬不一。有些学校做得好，思维导图给学生们带来了巨大的帮助；也有些学校的思维导图推广是在空耗资源，学完之后对学生几乎没有产生任何影响。为什么会出现这样的差距呢？

基础的解释有三种：第一种，是教的人有问题，没有教清楚；第二种，是学生没有认真学，或者没学明白；第三种，是学生学完以后没有认真执行。这三种解释当然是可能存在的。但我发现，抛开这三种解释后，依然存在学完思维导图毫无作用的案例，而且非常多。

我不仅搜集了众多研究机构对思维导图在中小学推广的研究论文，而且去过不少学校实地调研，和那里的校长、老师进行深入交流。同时，我每年举办的学生课程里，也会与学生和家长沟通他们对于思维导图的认识和使用情况。大量的直接和间接数据表明，确实有很多学生在认真学完思维导图、真正学会并且认真执行的情况下没有取得什么效果。

同时我还观察到一些特殊现象的存在：

第一，思维导图的有效概率对不同年龄段学生有显著差别。思维导图对小学生的有效概率比较大，而对初中生的有效概率就降低了一些，对高中生的有效概率就更低了。

第二，思维导图的有效概率在不同学科上有显著差别。在小学阶段，思维导图对数学有比较好的效果，对语文的效果处于中等水平，对英语的效果则比较弱。在初中阶段，思维导图对数学、语文、英语的效果都有所减弱，尤其是对数学的效果降低得非常明显，而对语文和英语的效果则降低得不那么明显。同时，思维导图对物理和化学有一定效果，对历史、政治、地理则有比较明显的效果。

到了高中阶段，思维导图对数学的效果降低到基本接近于零，对英语和语文的总体效果基本保持不变。化学和物理两门学科与数学类似，思维导图对其基本上无效，历史、政治、地理三个学科中思维导图的有效性降低，从初中有比较明显的效果变成了较弱的效果。

有没有感觉其中的规律很复杂？

需要特别说明的是，上述规律仅存在于国内。我没有做过欧美国家思维导图在中小学学习中的有效性研究，但凭借逻辑可以预判，由于文化背景和教育体制的差异，其规律可能与国内有巨大差异。

这些规律曾经引起了我的兴趣，我花费了很长时间梳理其中的逻辑，终于发现奥秘所在。总体的规律就是：国内通用的思维导图使用方式，对于越是高难度、需要深度思考的学科，有效性就越低。

印证这个规律的典型学科是数学和物理。小学数学简单，所以使用思维导图有效；从初中开始数学的难度急剧增加，各种巧妙的辅助线、解题技巧频繁出现；高中阶段的数学又难上加难，复杂的函数变换与数列构造让人目不暇接，完全不是普通的思维导图能够应付的。物理也是一样。初中物理比较简单，仅停留在对物理概念的理解上，复杂的题型和计算较少（不过也有一些），此时思维导图就是略微有效的。到高中以后，物理的难度也迅速增加，不论是复杂的力学分析还是更复杂的能量、动量守恒，思维导图都难以发挥作用了。

我们又产生一个疑问：为什么思维导图对于初中、高中阶段难度高且需要深度思考的学科，有效性就变低了呢？

经过大量的调研后我找到多个原因，其中最重要的原因在于，国内目前由商业机构所主导的思维导图培训中存在巨大的漏洞。这些商业机构并非专门的教育研究机构，它们将思维导图在成人世界中的使用方式生硬地搬到中学教育领域，遇到了严重的“水土不服”。

具体来说，由于商业机构的局限性，学生对思维导图的使用基本局限于进行知识整理这一类方式。他们费大力气把课本中的知识点画在一张纸上，很多时候就是把书中的知识点手工抄写了一遍——这也会产生一点效果，但是能产生多少呢？比如高中数学知识的思维导图做出来经常是这个样子，以数列章节为例，如图 4–6 所示。

这是一张很清晰的思维导图。它确实符合结构化思维的要素，但对于我们学习相关章节并没有什么深刻的帮助。在第一章我们就提到过，中国的中考和高考处于难度非常高的地狱模式，尤其是数学、物理等学科。在中国的中考和高考中，很少有题目是在直接考查基本的公式或概念的，大部分难点在于各种解题思路的变化。既然考查的是复杂的解题思路，那么我们只去进行基础公式或概念的结构化整理就没有太大的意义了。

针对中国中考和高考的特性，我们需要对结构化思维的应用做一些升级。

结构化思维的升级应用

对于数学、物理等难度较高的学科，仅仅做基础知识点、基础公式和概念的结构化整理是没有太大意义的。在上一节中我们补充了结构化

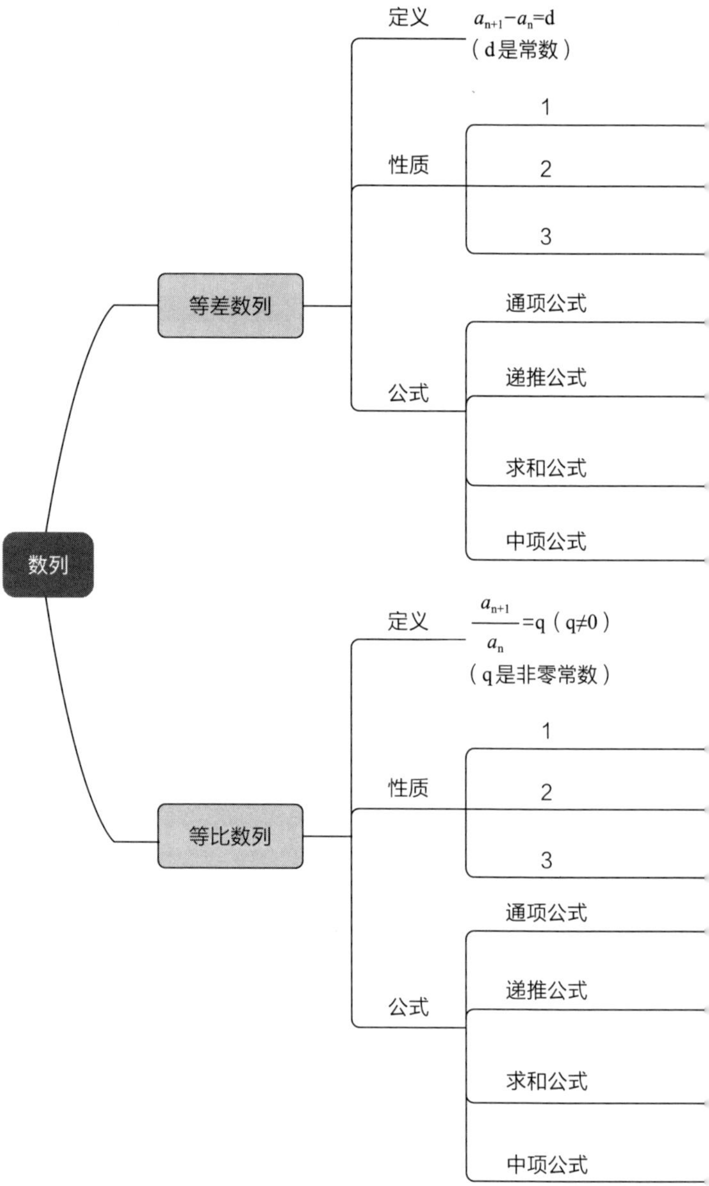

图 4-6　数列知识点结构示意图

若 m+n=p+q，则 $a_m+a_n=a_p+a_q$

S_n，$S_{2n}-S_n$，$S_{3n}-S_{2n}$ 成等差数列

$d=\frac{a_n-a_1}{n-1}=\frac{a_m-a_n}{m-n}$ （m≠n）

$a_n=a_1+(n-1)d$

$a_n=a_{n-1}+d$；$a_n=a_{n-m}+md$

$S_n=\frac{n(a_1+a_n)}{2}=na_1+\frac{n(n-1)}{2}d=\frac{d}{2}n^2+(a_1-\frac{d}{2})n$

$A=\frac{a+b}{2}$　　推广：$2a_n=a_{n-m}+a_{n+m}$

若 m+n=p+q 则 $a_m a_n=a_p a_q$

S_n，$S_{2n}-S_n$，$S_{3n}-S_{2n}$ 成等比数列

$q^{n-1}=\frac{a_n}{a_1}$，$q^{n-m}=\frac{a_n}{a_m}$

$a_n=a_1q^{n-1}=a_kq^{n-k}$

$a_n=a_{n-1}q$；$a_n=a_mq^{n-m}$

$$S_n=\begin{cases} na_1 & (q=1) \\ \frac{a_1(1-q^n)}{1-q}=\frac{a_1-a_nq}{1-q} & (q\neq 1) \end{cases}$$

$G^2=ab$　　推广：$a_n^2=a_{n-m}\times a_{n+m}$

思维在错题本中的应用，现在需要进一步了解一下解题思路的结构化。

解题思路，是指那些不属于课本的基础公式和定律，但对解题有重要作用的特殊解题步骤或者技巧。比如初中数学里的特殊辅助线技巧，高中数学里的函数构造、换元，或者物理中的极限值假设法等。在中等难度题和中高难度题里，基础公式已经不够用了，这些特殊解题步骤或技巧才是考查的核心内容！

这也是中国中学教育体系的一个特点，既区分于美国的中学教育体系，也区分于中国成年人的学习特征。在美国的公立教育体系里，不会存在特别难的奇特题型和技巧；在大部分成年人的学习中，也不存在“由知识衍生出的特殊解题技巧”这回事，只需要单纯地学习知识本身就行了，比如做各种读书笔记等。在数学、物理等学科里，对中国的中学生来说，最实用的并不是常见的知识点结构化，而是特殊的解题思路结构化。

依然以高中数学的数列章节为例。除去之前列出的基础公式和性质之外，我们还需要补充数列章节的特殊解题技巧，并进行结构化整理，如图 4–7 所示。

这是比较标准的解题思路结构化整理。当然，结构图中也将基础公式部分简略地写了上去。对于大部分中学生来说，这样的结构化应用才是真正有价值的。

一名中学生按照我的指导做了解题思路的结构化整理，虽然一开始他并不清楚这样做有什么意义，但依然听从了我的建议。他首先进行了一个知识小结的尝试，将柯西不等式章节的解题思路做了结构化整理，他立刻感觉到自己对本章节题型的把握变得更加清晰了，原来觉得复杂多变的题目其实也没有那么难。

更有意思的事情发生在后面。几周以后，他所在的班级进入了解

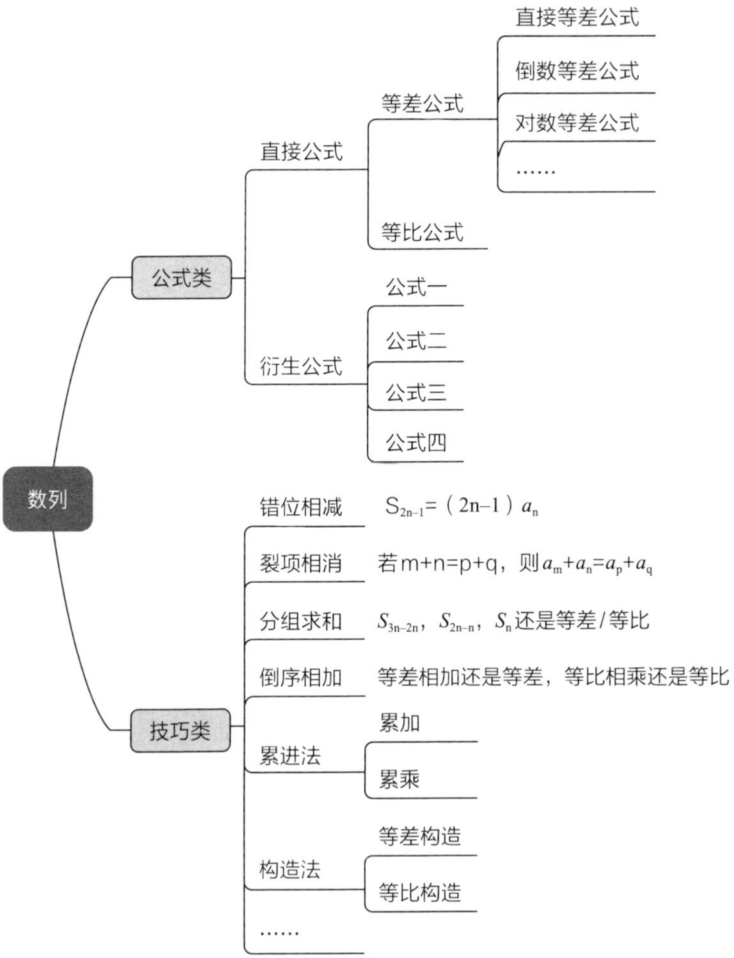

图 4-7　数列解题思路结构示意图

析几何章节的学习，在一次单元测验中，压轴题的最后一问是关于椭圆中某个特殊式子求最大值。标准的解法是需要设几条直线方程并经过大量计算才能得出答案，难度非常高，班级里没有同学想到这条思路，就连那些平时数学成绩非常好的同学也不行。但这名中学生面对压轴题时却突然灵机一动，意识到可以引入柯西不等式来进行最大值的计算。由此，他成为该次考试中唯一一个做出了压轴题的人。由于他平时的数学成绩并不算拔尖，这也让数学老师和同学对此大为惊讶。

用柯西不等式进行椭圆中特殊式子最大值的计算，确实非常巧妙，其他同学也同样在几周前学习过柯西不等式的内容，但为什么只有他想出来这么巧妙的方法呢？他忽然意识到，这是因为只有他进行了该章节的解题思路结构化整理，这让他对柯西不等式的理解更加深刻，应用的时候也更加灵活。

实际上，尽管解题思路结构化看起来依然是一种初级学习策略，但它对于大部分中学生来说作用是巨大的。那些在我的课程里学习过解题思路结构化的中学生，单凭这一条策略就在数学等学科里突破了原有的“瓶颈”。

最后，我还需要强调，无论如何改进升级，结构化思维依然只是一种初级策略，远非万能。比如在我的课程里，还会引入“模式识别”等更有效的策略。鉴于篇幅有限而该策略讲解起来比较复杂，我在此就不详细展开了。

本章结语

根据大脑的特点，零散无序的知识难吸收、易遗忘，而对它们进行结构化整理则会大幅提高大脑吸收知识的效率。

结构化思维应用广泛，能用于各个学科之中，也能用于阅读、知识整理、笔记和错题本等不同事项中。同时它学习起来也简单，只要掌握了它的两条核心要素就不会出大错了，因而性价比较高。善用这一方法，能够较为轻松地提高学习的总体效率。

来一起思考这些问题吧：

- 你平时是否用过类似于结构化思维的方法？是在哪些场合用的？
- 不同学科的结构化思维用法应该一样吗？你实际使用的时候认为一样吗？
- 以结构化思维为标准来衡量，你常用的教辅书有效吗？
- 对于数学、物理等学科，你是否直接或间接地进行过解题思路的结构化整理？效果如何？

作为一种兼容性非常强的学习策略，结构化不仅本身有相当不错的效果，而且还能与其他学习策略综合使用。你可以尝试把它与本书的后续章节中介绍的多种学习策略结合起来，形成一套可以综合使用的严密策略体系。

第五章

流程思维

——普通人如何炼成学霸?

普通人想要成为学霸，不能指望某种单薄无力的秘籍，而需着眼于对流程的掌握和优化。把学习的每一个流程都做到最好，这才是成为学习高手的方法。

1

秘籍型思维的误区

——对于学霸，你是否存在误解？

一名学霸是怎样诞生的？二十多年前，大部分中国学生和家长还停留在天才论的观念下，认为学霸靠的是天生聪明。这一观念不仅不符合事实，而且显得太悲观，搞得好像普通学生就注定无法变得优秀一样。作为对这一观念的反击，某种拥有广泛群众基础的秘籍型思维拔地而起。

什么叫作秘籍型思维？它指的是这样一种对于优秀和成功的认知谬误：

> 如果想要成功，想要取得比普通人好三倍、五倍乃至十倍的成就，使用常规的方法是没有用的，你需要——而且主要是依靠——某种秘籍。

秘籍型思维在不同人群里会有不同的表现。比如“70后”“80后”

特别喜欢看金庸的小说，小说中常常会有这种情节：一个原本武功水平很低（甚至不懂武功）的人，不小心掉进山洞或者偶然来到一处荒山上，运气爆表捡到一本秘籍，学会以后他就成为顶级高手，人生登顶了。比如《天龙八部》中主角段誉掉进山洞，捡到了北冥神功和凌波微步的秘籍，忽然变成了顶级高手；比如《笑傲江湖》中武功平凡的令狐冲，被大宗师风清扬传授了独孤九剑的秘籍，成为一代豪杰。总之秘籍决定命运，模式非常固定。

新生代的“90 后”“00 后”年纪虽小，但也逃不出秘籍型思维的框架。比如，他们不喜欢武侠小说了，改看修仙、玄幻小说，就掉进山洞里捡到修仙秘籍，练气还神、破虚合道、突破天际——可比我们那个年代的武侠高手厉害多了。这大概是小说界的“通货膨胀”。

那么，这样的秘籍幻想是不是中国的文化特色呢？其实也不是。你看看好莱坞本土的英雄电影，诸如《蜘蛛侠》《绿巨人》，一样是秘籍型思维的套路。只不过我们的秘籍是一本修仙指南，而他们的秘籍却是蚊虫叮咬、辐射变异。

如果说这样的秘籍型思维仅仅停留在小说和影视幻想里，那倒也没什么，但可怕的是它已经作为一种隐形的价值观，深入人们生活的方方面面了。在影视领域的秘籍型幻想，只是秘籍型思维广泛影响的一个微缩镜头而已。

我在读中学时就产生过秘籍型思维，看到哪个同学成绩好，就觉得他肯定有某些秘籍——一本神奇的辅导书，或者某个神秘的老师。我就会挖空心思想要找到那些秘籍。我的同学也是如此。由于我初中时成绩很好，经常是年级第一，我身边也常常围着一群想要挖秘籍的同学。当然他们什么也没找到，因为连我都不知道自己究竟有什么秘籍。

20 年过去了，今天的中学生有没有进步一点呢？由于我在网上写了不少学习方法类的文章，很多中学生会给我发私信，向我寻求某种学习秘籍：

> 老师，我终于知道自己为什么学习不好了！就是因为没用费曼技巧！请问费曼技巧具体该怎么操作呢？
>
> ——他的学习秘籍是费曼技巧
>
> 老师，我的同桌从小看英文原著学英语，所以现在英语超厉害！我英语不好，只能指望用这个方法提高了，你有什么建议吗？
>
> ——他的学英语秘籍是看英文原著
>
> 老师，我看了另一位大神的文章，才明白自己数学学不好是因为缺乏大学的微积分知识！他用大学知识解高中题都是降维打击！你觉得我要看哪一本大学数学课本呢？
>
> ——他的数学秘籍是大学数学课本
>
> ……

你看，即便是现在，秘籍型思维的鬼魅依然在中学生间飘荡。

是不是中学生太年轻、太幼稚了，那家长和老师在秘籍型思维上就不会犯错了吗？

家长和老师指导中学生学习的时候，也会同样陷入秘籍型思维的误区。古板一点的家长和老师会特别强调要认真学习，认为认真是一切学习的核心，但凡你学习不好，肯定是学习态度有问题。有些老师还会特别强调所谓的基本功，认为决定学习好不好的只有这一个核心要素，所谓优秀中学生，无非是基本功特别扎实而已。校领导们如果持有秘籍型思维，那影响就更加广泛了。他可能听完一场宣传讲座后，认定某种“超级学习法”是学习成功的秘籍——往往是思维导图或者右脑记忆法之类的东西，然后花费几十万甚至上百万聘请宣讲的导师——经常是某些思维导图专家——来学校进行系统的教师培训，在校内全方位铺开。在通常情况下，这出大戏几个月后会由于老师和中学生集体抵制以及实践结果惨淡而被迫终结。

秘籍型思维的谬误，似乎从未远离人群。

进而我们要问：秘籍型思维危险在哪里？

秘籍型思维是一种错误的思维方式，它的本质是用一个相对简单的方法代替复杂的成功规律。不过人类的错误观念比比皆是，秘籍型思维有什么特殊的危害，以至于需要被单独拎出来说明？

第一个危害，是它的迷惑性特别强。如果不是因为迷惑性特别强，秘籍型思维不会有那么多受众、那么广泛的市场。当某个商家机构宣传着自己有“短时间内提高 100 分”“普本逆袭重本”的秘籍时，无数心急的中学生蜂拥而至，这正是秘籍型思维市场庞大的表现。那么这些商家机构真的一无是处吗？未必。商家机构可能在某个小项目上确实有点特殊经验，和整体的无效掺和起来，就形成了半真半假的状态。

这就像电话诈骗一样，一看就离谱的东西容易被识破，半真半假的东西才更有欺骗性。比如最近几年数学培训界流行的“秒杀技巧”，号称别人花费 10 分钟做出来的题，你要是掌握了某些秘籍，几秒钟就可以做出来！其实在大部分题目中，这种秒杀技巧毫无意义，但也不排除在某些特殊情况下，确实可以根据出题的漏洞找到些违背数学原理、纯粹投机取巧而又有效的方法。这样半真半假地混合，结果是有成千上万的中学生急不可耐地购买这些课程。

第二个危害可能更加严重。人的本性是懒的、回避痛苦的，能够投机取巧为什么要用真才实学？用一个简单的秘籍去代替辛劳的付出和复杂的思考，恰恰是人性所需。当某个秘籍出现时，人会本能地形成依赖，放弃对复杂真理的追求。一个只有三分作用的东西，你若是误以为它有十分作用，那你就会去投入十分的精力和时间，结果是你荒废了七分的精力和时间——本可以用来思考其他问题、尝试其他方法的精力与时间。

假设有一名学生叫作修远，他以思维导图为秘籍，认为只要做了思维导图，学习一定会变好，那么会发生什么事情呢？

他可能上课听讲时就没有那么认真了，作业也不好好写了——反正有了思维导图这个秘籍，还怕什么呢？由于修远认定思维导图就是学习的秘籍，后来他对其他学习方法的兴趣也会暂时降低，当其他同学谦虚地向真正的学霸请教学习策略时，他就会不屑一顾，失去了主动探索的欲望。

在思维上，他会变得愚蠢而狭隘；在情绪上，他会变成傲慢、恐惧、自我安慰和欺骗的混合体。由于自我欺骗的出现，要脱离这样的秘籍型思维就会变得非常困难，如果没有现实中血淋淋的惨痛教训，一般人很难挣脱出来。如果没有真知灼见，一辈子困在其中也不罕见。

以单一的思维导图为秘籍当然不好，但如果以很多方法的组合为秘籍呢？比如，如果这名叫作修远的学生改成以一名教授学习策略的老师为秘籍，以这名老师教授的多种学习策略为秘籍，又会如何呢？

多种有效策略的组合当然比使用单一的策略好，但这与秘籍型思维的本质无关。当你迷恋某种秘籍时，就会不自觉地依靠它，然后逐渐弱化自己的努力。秘籍型思维的危害，很大程度上在于它带来的心理迷失与自我弱化。

与第二章、第三章的内容联系起来看，心理迷失与学习中心论有关。如果你不把自己这个活生生的人当作学习的中心，而把某个秘籍当作学习的中心，那就叫作迷失；而自我弱化又与高强度用脑有关，过于依靠外力、放弃自我成长，你的内部力量弱化，用脑强度必然持续降低。

既然以简单的方法来代替复杂的成功规律的秘籍型思维是不好的，那么，什么才是好的呢？

2

全流程优化

——在平凡中创造奇迹的方法

如果你想通过掌握某种秘籍来提高自己的学习效率，想要一下子翻倍，甚至想翻 3 倍、5 倍，那我告诉你，这是不可能的，这叫作秘籍型思维。你点点头，心想自己确实太浮躁了，这样不好。那么，更加踏实、可行的方法是什么呢？

这种方法是流程思维。

流程思维，又可以称作全流程优化，它的定义是：

> 一件复杂的事情往往由多个流程、步骤组成，把每一个流程、步骤进行优化，做到（接近）最好，就叫作全流程优化。

有些人乍一看定义会觉得，这不就是做事情要尽力做到最好的老生常谈吗？全流程优化好像也没什么了不起的嘛。但你对它研究得越深就越会发现，全流程优化并不简单，它是一种能在平凡中创造奇迹的方法。

全流程优化的案例

中学数学课在讲授指数章节时，经常会以商业和金融的案例来说明复利的作用，此处我们也借助商业案例来说明一下全流程优化的特性。

假设一家公司由于利润微薄而刚刚换了最高管理者，那么新任管理者就要思考，如何才能提高公司利润呢？经过研究，他发现公司的业务模式并不复杂，大致如下：

> 销售部门首先通过各种方式获得商品订单，然后采购部门根据订单进行原料采购。原料送到生产部，进行机械加工，生产好的货物交给仓储运输部门进行防潮、防漏的包装，然后发货给客户。最后对客户进行售后服务，如果服务到位，那么客户就会进行复购和转介绍。

那么如何提高利润呢？你可能很容易想到，要招揽更多的市场销售人员，或者做一些精彩的活动策划打开市场。不过这样的想法可能并不能达到最佳的效果。优秀的管理人员，一定要从全流程优化的角度去思考。

新任管理者发现，公司的运营可以简单划分为五个环节。

> 第一个环节，销售拿订单；
> 第二个环节，采购原料；
> 第三个环节，机械加工；
> 第四个环节，仓储运输；
> 第五个环节，客户服务。

每个环节都能创造利润。但新任管理者发现，在每个环节当中，员工的工作做得并不到位。销售部门的人员由于懒得跑腿，有些本可以扩展的市场并没有去扩展，如果加强管理、要求员工进行市场扩展，那么可以提高 20% 的销量。采购部门由于懒得进行多个原材料厂家的比货、比价，导致并没有买到性价比最高的原材料，而原材料的质量会影响生产加工的出货率，如果加强管理，能够提高出品率、降低成本，并提高 20% 的利润。生产部门的员工疏于对机械进行保养维护，导致机械出现老化、缺油等问题，进而影响到货物的良品率，如果加强保养维护，也能够降低成本，提高 20% 利润。在仓储运输过程中，由于封装保护不到位也造成了货物的损耗，如果完善封装保护，也能提高 20% 的利润。最后，因为客户服务并不到位，导致客户转介绍不多、复购率不高，只要稍做努力提高客服质量，客户的转介绍和复购率也能提高，利润大概也能提高 20%。

如果在新任管理者的领导下，整个公司共同努力，把上述环节中的问题全部优化了，则公司的利润必然就会增长。

问题是，增长了多少呢？

全流程优化的复利效应

这是一道并不复杂的数学题。当我们清楚地列出算式后，答案是显而易见的：

$$(1+20\%)^5 \approx 2.5$$

即，利润大约会变为原来的 2.5 倍！

这个结果会让很多人感到震惊，因为如果你不去冷静地思考、计算，很容易得出错误的结论——应该是增长了20%吧？其实不是。在一个具有五个环节的流程中，每一个环节增长20%，那么应该使用乘法进行累乘，而不是简单地得出20%。

更有意思的地方来了。利润变为原来的2.5倍，那么成本呢？这里的成本指的并不是金钱，而是你所付出的努力程度。整个公司的人算作一个整体，他们额外付出了多少努力呢？

假设这个公司的员工并不是天才，都是资质平凡的普通人。他们要付出比一般人更多的努力才能达到提高利润的效果。比如，销售人员要多花30%的时间才能提高20%的销量；采购部门要多花50%的时间才能找到性价比更高的原材料，提高20%的利润；机械维护人员也要多花40%左右的时间才能提高货物的良品率，提高20%的利润……

假设每个环节平均要多付出40%的努力，最终才能提高20%的利润。即，每个环节用1.4倍的努力，得到1.2倍的效果。

那么总体上，他们要多付出多少努力才能达到大约2.5倍的利润呢？

按照一分耕耘一分收获的说法，要获得大约2.5倍的利润，那他们也得付出大约2.5倍的努力吧？又或者，按照40%乘以5计算，他们多付出了2倍的努力？可是我们冷静地思考、计算后发现，并不是这样的。整个公司付出的额外努力大约是40%！

总体结果就成了，他们以1.4倍的努力，达成了2.5倍的利润——真是惊人的效率！

这个结果是不是和我们一开始的假设矛盾呢？明明是一群很平凡的人啊，要用1.4倍的努力才能做出1.2倍的效果。但是在全流程优化的模型下，这个1.2倍的平庸效果却逐渐变成了2.5倍的天才级效果！

这样矛盾的结果正体现了全流程优化的强大。

全流程优化在计算成本时适用的是加法，在计算成果时适用的是乘法。即，全流程优化的理念有巨大的复利效应。有复利效应才能创造奇迹。

对于越是复杂的、可以分为多个环节的事项，全流程优化的优势也就越明显。如果只有一个环节，那就是1.4倍的努力换来了1.2倍的效果；如果有两个环节，那就是1.4倍的努力换来了1.44倍的效果；如果有五个环节，那就是1.4倍的努力换来约2.5倍的效果；如果有十个环节，1.4倍的努力就变成了超过6倍的效果。环节越来越多，相当于次方的系数不断变大，效果显然会越来越显著。

显然，中学生的学习也是一件很复杂、环节很多的事项。

中学生的全流程优化

看完了商业案例，让我们再回到中学的学习上来。如果商业中的全流程优化有巨大的效果，那么如何把这种方法应用到学习中呢？

让我们来看一看中学学习的流程。

在一个极简版本的学习流程里，中学学习可以划分为预习、听课、练习、复习四个环节，如图5–1所示。

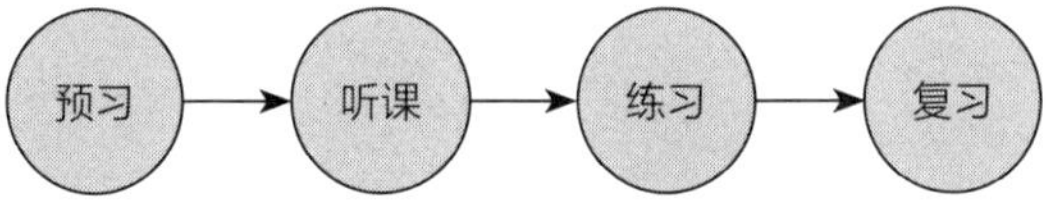

图5–1　学习流程

如果我们想要学得更优秀，就要在这四个环节里提高效率。如商业案例一样，学习中的全流程优化有巨大的复利效应，而全流程优化告诉我们，只需要在每个环节里都提高一点效率——20%左右，就够了。

提高 20%的效率——这看起来是一个不怎么起眼的数据。假设你平时完成某一科的作业要用 30 分钟，而今天你只用了 24 分钟，你就提高了 20%的效率。节省了 6 分钟，你会觉得自己的效率非常高吗？只有 6 分钟而已，你可能会觉得是不是昨天中途多上了一次厕所，或者今天的练习题更简单一点，你根本不会感觉到这是一种进步，因为这个数据实在是不太起眼了。但在一个阶段中，你只需要提高 20%的效率就可以了，多个阶段同时提高 20%的效率，最终你的效率会翻倍。

当目标变化了，我们中间所使用的方法也会随之变化。如果你抱着秘籍型思维，想要通过某种单一的方法强行将效率提高 100%，那么你就不能寻找和使用普通的方法。但如果你的目标只是提高 20%的效率，那可就简单多了，有很多"普通的方法"能达到此效果。

效率直接翻倍会让你感到迷茫、焦虑、浮躁，无法安心学习，而在提高 20%的效率这个平凡的目标下，你的情绪会更稳定，心态会更平和，进而更容易真实地达成目标。然后，全流程优化的复利威力，会把 20%的效率提升通过复利叠加成效率翻倍的奇迹。

那么，能让你在每个环节的效率提高 20%的"普通的方法"有哪些呢？

3

预习的策略

——在战斗开始之前赢得胜利

在众多学习的流程里，预习是一个比较容易被忽视的环节。然而对于追求高效学习的人来说，这个环节不容忽视。我们对预习的研究先从这样一个简单的问题开始：

中学生学习时，到底要不要预习？

预习或不预习？这是一个问题

研究一件事情怎么做之前，我们先得研究它有没有必要做，所以我们需要先问一句，中学生有必要预习吗？

大部分人会脱口而出："当然需要预习！"一方面，我们的老师在多年时间里反复强调预习是个好习惯，有些学校甚至会布置预习作业。老师在要求我们预习的时候，往往会强调预习非常重要，还会举出很多案例来证明。比如班上的某某学霸，预习得非常认真，每一科都会预习，所以他的学习成绩非常好。这样的案例往往让人无法反驳，因为老师显然没有撒谎，我们能够看到这名学霸确实每天在认真预习，他的成绩也确实非常优秀。

另一方面，我们从逻辑上好像也想不出有什么理由不预习。预习居然会对学习没帮助？多看几遍书、提前熟悉一下上课内容，怎么会没有好处呢？

不过在很多学校里，大部分中学生由于时间太紧迫并没有进行课程预习，所以他们对于预习持有这样一种带着内疚的态度：预习有用，而我由于懒惰或者其他原因没有预习，这是不应该的，是我做得不够好的地方。我的学习成绩没有更上一层楼很可能与没有预习有关。

不过事实真的如此吗？这个问题会比你想象中复杂得多。

让我先来告诉大家一个我亲历的案例。在某个城市里，教育局下令所有小学不得向学生布置超过 1 小时的书面作业。受限于这条规定，学校感觉给学生安排的练习量是不够的，所以其中一所小学做了一下变通：给学生布置预习作业，要求学生对语文和数学两门主要学科进行每日预习。作为对比，该城市的其他小学则没有做此要求。

一个学期之后，这所小学拿到了学生的平均测验成绩报告。令人大跌眼镜的是，这所小学的学生的平均成绩全市排名居然比往期有了明显的下降！在师资、课程、生源等核心因素均无任何变化的情况下，可以说，预习这一环节反而起到了负面效果。

这个结果或许让你难以置信，但它是事实。根据一线教师的反馈，校方最终的分析结果是学生们在预习过后普遍产生了一种“我已经学会了”的感觉——其实他们并没有完全学会——进而导致学生上课听讲的时候走神，反而学得不如没有预习过——至少之前上课的时候，学生是全神贯注地听讲。

你可能会觉得，这是小学生才会犯的错误，也可能会觉得这是他们浮躁的态度害了自己。如果换成更加成熟的中学生，那么肯定不会出现类似问题了。

一方面，在预习后上课变得容易走神这种现象其实在中学生身上也经常出现。另一方面，就算你真的可以保证不因预习而影响上课专注，我们依然要考虑另一个问题——即便预习可以提高学习的总体效果，但它能提高学习的效率吗？

当你提前学了一遍数学课本，或者把历史课本读熟，肯定会比没预习的时候学得更好一点，但这算是效率的提高吗？它极有可能仅仅是因为你投入了更多的时间才学得更好。有没有可能在计算效率时，反而因为你投入的时间多而导致平均学习效率降低了呢？

比如一节数学课的内容，你预习了20分钟，然后学习了40分钟，掌握率为100%，累计花费60分钟。另一名学生学习了40分钟，学得跟你同样好，或者达到了你学习效果的95%。总的来看，他的效率就是高于你的——$\frac{95\%}{40}>\frac{100\%}{60}$。

平均学习效率降低最终很可能会转变为总体效果的降低。对于中学生来说，学习时间常常是饱和的，当你增加了这方面的投入时间，那方面的投入时间就会必然减少。你原本准备多做20分钟的物理题，现在你把这20分钟用来预习了，那么你就少做了20分钟的物理题，物理成绩可能会因此变得差了一些。在全学科的效果衡量上，你的学习效果变差了。

即，当你做了不该做的预习时，你的学习效果会变差。

这种事是经常发生的。很多学生不做预习，是因为他们在潜意识里知道了上述的问题，他们知道如果强行花时间来预习，就要减少在其他事项上的时间投入——比如做题，而这会带来效率的降低。所以他们常常在意识表层认为预习是很有必要的，又做出不愿意预习的矛盾行为。

作为对比，尽管我们观察到不少学霸在勤勤恳恳地预习，也肯定会发现，还有些学霸是从来不预习的。后一种学霸上课了就听老师讲课，下课了就做练习，练完了就去娱乐放松，而他们的成绩依然非常优秀。如果预习是一项如此必不可少的环节，又如何解释他们的存在呢？

请注意，后一种不预习的学霸绝不占少数，而是大量、广泛存在的。

我当年上学的时候基本从不预习，而我是本班的第一名。全班第二名、第三名坐在我的周围，我发现他们也是从不预习的。我询问过许多学生，他们也各自见过很多学霸是从不预习的。这个事实与老师和学生们多年来对预习的执念产生了严重的冲突。

你看，这个问题没那么简单吧？

预习的判定标准

实际上，是否应该预习没有一个固定的答案，而是由一系列条件共同决定的。这一系列条件包括：

第一，老师的讲课风格。

在大部分情况下，老师的讲课风格是影响学生是否预习的关键因素。我们可以把老师的讲课风格形象地划分为狂奔型、养生型，以及介于两者之间的类型。

狂奔型风格，是指老师讲课的时候速度极快；题型难度递进极快（刚讲完几个基础概念就开始练习难题），课程中常有逻辑跳跃（类似于“这么简单的内容大家都懂了吧？那我直接讲下一个内容”，然后留下一脸蒙的学生）；单节课讲的内容多，留给学生自行领悟和体会的时间少。

显然，面对此种讲课风格的老师，预习是非常有必要的，而且要预习得比较详细才行。老师讲课的速度越快、跳跃越多，课程内容越多，你的预习就越有必要，预习的详细程度也就要越高。在极端情况下，你甚至需要把预习升级成自学，要把课本内容提前学一遍。

这种狂奔型讲课的极端情况容易出现在两种场合。

第一种场合，当学校采用了某种类似于“翻转课堂”的教学形式时。所谓翻转课堂，是指将基础课文阅读和学习，基础公式、概念、定理的掌握，基础习题甚至是中等难度习题，全部交由学生课前自行完成，老师在课上直接进行答疑、讲解重难点和易错点等内容。在这种情况下，学生的预习就需要非常详细了，不仅要阅读课文，还要做练习题。如果没有认真完成详细的预习任务，你必然跟不上班级进度，将越学越差劲。

第二种场合，在国内很多区域的新高一年级中会出现（往往是重点高中）。由于国内中学阶段的教育竞争越来越激烈，很多勤劳的学生会在初升高的那个暑假去培训班提前学习高一的内容，等到开学时，部分重点高中甚至会出现班里一半以上的学生提前学完了第一学期的数学、物理、化学等课程的情况！

相应的，老师就不自觉地被这些已经提前学过的学生改变讲课节奏，因为他们会常常在课堂上叫嚷“太简单了”“早就会了”，逼得老师大幅提高讲课速度。因此，在重点高中的新高一教师群体里，很容易出现狂奔型的讲课风格。

如果你遇到这样的极端情况，更应该额外注意预习的详细程度，需要花费不少时间做细致的预习才行，否则很容易出现“滚雪球式崩溃”的情况，如图 5–2 所示。

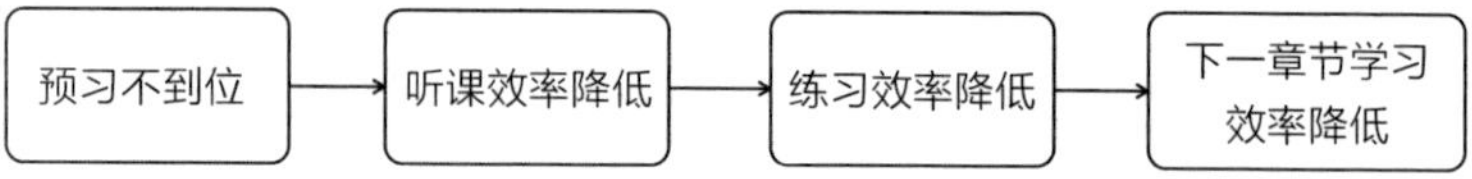

图 5-2 预习影响学习效率

在另一种情况下，也有很多老师秉持养生型讲课风格。养生型讲课风格是指老师讲课的时候，讲课速度很慢，单位时间内知识密度低；在基础概念、原理和基础题型上花费大量时间，却基本不讲中高等难度内容；喜欢讲故事、自由发挥，拉扯与课程无关的闲杂趣谈内容；让人大脑舒缓、身体闲散，产生想要泡一壶养生茶、在藤编摇椅上跷起二郎腿来听课的欲望。

在这种情况下，预习基本上就是不必要的，预习一分钟就相当于浪费了一分钟。

对介于两者之间的风格类型，我们可以根据老师风格的偏向程度来确定要不要预习，以及要预习到什么程度。总的原则是老师讲课越快、越难、越跳跃，我们的预习就要做到越详尽。

第二，基础知识的扎实程度。

上课的时候能否跟上老师的节奏，与你的基础知识是否扎实有关，这一点对于数学、物理、化学等有强烈逻辑连贯性的学科来说尤其突出。

举个例子。高一物理会先学习匀加速直线运动和受力分析，然后学习机械能等章节。在机械能章节的学习里，需要经常用到匀加速直线运动和受力分析的知识与技巧。假设一名学生在匀加速直线运动和受力分析两个章节里有大量的知识漏洞，那么在学习机械能章节时，他的听课效率就很难得到保证，因为总会跳出他未掌握的旧章节知识点，打断他对新知识的思考。

在此情况下，预习对他来说就是非常有必要的，而预习的方式也很特殊，不仅仅要预习新的知识章节，还要回过头去复习旧的知识章节。对他来说，复习就是预习。

具体的操作步骤如下：

> 第一步，翻看将要学习的新章节，初步了解其要点；
> 第二步，观察、预估此章节的内容需要用到哪些旧知识；
> 第三步，评估自己在相应的旧知识中是否存在显著漏洞；
> 第四步，如果有，复习旧知识，补上漏洞。

第三，课程难度。

越是简单的学科和章节，预习的必要性就越低；越是复杂的学科和章节，预习的必要性就越高。一般来说，中学的数学学科难度和复杂度超过其他，其次是物理。这两门学科也是在一般情况下最需要预习的学科。其他学科，可以根据你的擅长程度决定是否预习。

学科与学科之间有难度差距，不同章节之间也会有。比如同样是高中数学，导数、圆锥曲线和数列章节的难度就明显大于向量章节的难度，那么数学成绩中等的学生可能就会选择预习导数、圆锥曲线和数列章节，而不预习向量章节。

对于各个学科的各个章节难度如何，一般老师都有经验，学生可以向老师咨询、确认。

第四，即时反应能力。

不同的学生分属不同的学习类型。有些学生的即时反应能力强，思考速度快，能够瞬间进入专注与高强度思考的状态，这样的学生对预习的需求就会较低。还有一些学生的即时反应能力没有那么强，他们上课时需要预热，进入状态较慢，同时需要持续而深入地思考，需要对知识进行反刍，这样的学生对预习的需求就会高一些。

当我们判断要不要预习的时候，需要综合考量上述 4 个条件——老师的讲课风格、基础知识的扎实程度、课程难度和即时反应能力。

预习的方法

如果我们确定了要预习，那么该如何预习呢？

因狂奔型讲课风格所进行的预习比较特殊，在这种情况下，预习基本等于自学，所以预习应该包括阅读课本、理解公式（定理、原理）、完成基础练习甚至是中高等难度练习，然后记录下错误和疑问处等待上课时老师讲解，并向老师提问。

对于逻辑连贯型学科，如数学和物理，如果你在学习新章节之前发现相关旧章节知识点尚有漏洞，那么你的预习就是对旧章节知识点进行复习和补漏，这是上文已经讲过的。

在其他情况下，我们的预习不需要做得那么详尽，也不用花那么多时间，仅仅是为了更好地听课而做一些辅助性准备，这样的预习我们称为常规性预习。那么我们具体该怎么进行常规性预习呢？大致有以下步骤：

第一步：快速阅读课本。通读课本章节全文或者其主要部分。

第二步：寻找和标记重点概念、公式和原理。一般是课本的黑体字部分和段首部分，将这些部分用彩色笔画线、画框、加星号等标记起来。

第三步：尝试理解重点概念、公式和原理。尽量思考它们的含义，理解它们之间的内在逻辑，如果没有理解也不用强求，脑中有一个大致印象就够了。

第四步：记录自己的疑问，形成预习提问表。对于不理解的概念、公式和原理，以及自己产生的其他相关问题，以文字记录，做成表格格式，写在专门的学科笔记本上，或者写在课本对应章节的首页空白、上方空白处。

其中，后两个步骤非常重要，这是一般学生在预习时最容易忽略的地方。大部分学生只停留在阅读课本和标记重点的阶段，这种预习方式和全面执行四个步骤相比是有明显不足的。你还记得前面讲过的学习的哲学吗？高效学习的基础是高强度用脑，而预习阶段的后两个步骤与前两个步骤相比，就是相对的高强度用脑状态。

上述预习方法已经足够绝大部分学生使用了。

我们要明白，预习的目的是提高总体的学习效率，而不是堆积学习时间，它是一件十分巧妙、需要特别注重其性价比的事情。该预习时没预习，不行；不必预习时预习了，也不行，因为性价比低了。毕竟你投入了 30 分钟时间预习，那就少了 30 分钟练习其他学习项目的时间。

对很多学生来说，预习是一个很容易被忽视的环节，尤其是那些即便不预习也学得不差的学生，他们很容易低估正确使用预习策略的效用。在评估预习的意义时，请先回忆下全流程优化的概念，预习阶段哪怕只有少许的效率提升，都将会通过复利累加而对总体的学习效率起到大幅增益的作用。

预习直接影响的下一个学习环节是听课，它对学习效率的提升，也是通过提高听课的效率来完成的。当我们做好了预习的工作，就能够进入下一环节的高效学习了。

4

听课的策略

——拿下高效学习的中枢环节

听课是学习的中枢环节，向前承接预习环节，向后影响练习环节。听课的重要性无须多言，几乎所有学生都知道，如果听课效率不高，对学习的总体打击会有多么大。如果听课时走神 5 分钟，错过一个知识难点，那么课后可能自学 30 分钟也补不回来。如果听课效率长期低下，那么无论刷了多少题也难以提高总体学习成绩。

对于如此重要的学习中枢环节，我们有必要用高效的策略将其拿下。

在学习的总体流程中，听课这一环节还可以进行细分，分为课前准备、正式听课、课尾三个阶段。我们将分别研究这三个阶段有何高效的策略可以使用。

课前准备

在战争学里有一句话，叫作打仗的本质是打后勤。尽管正面战场上武艺精湛、骁勇杀敌的士兵更引人注目，但决定胜负的常常是不起眼的后勤部门。

对应到听课这件事情上，我们也应该意识到课前准备的重要性。可以说，如果课前准备做得好再去听课，那就相当于吃饱饭的士兵上战场；而没做好课前准备就去听课，相当于饿着肚子的士兵上战场。饿肚子的士兵上战场虽然也不是必定会输，但输的概率会变大。所以，我们没必要给自己找这些麻烦。

课前准备的核心是预习，这在上一节中已经讲过，此处不再赘述。除此之外，还有课间活动、微观学习环境准备这两个要点。

第一，课间活动的意义。

很多学生的习惯是长期坐在教室里，即便是课间也不出去活动，就在座位上闲聊、看书，或者趴在桌上睡觉。除了吃饭和去厕所以外，很多学生一整天都不会离开教室。

而我的建议是学生在课间最好不要坐在教室里，而是到外面的走廊和操场上活动一下。你可能没有意识到，这个小小的举动对提高课上听讲的效率有不小的意义。

学习是一件非常消耗大脑能量的事情，而大脑能量是源于身体的。如果长时间不活动，身体的总能量下降、代谢速率变低，那么大脑能量也会自发减少。紧接着，你会感到大脑的运转速度变慢（实际上，当你感到大脑运转速度下降的时候，它往往已经下降得很厉害了，可能降低了一半了，人是很难察觉到缓慢的降速的）；不自觉地走神，大脑变得空白；理解能力变弱，听到老师念出一个个字，却不知道合起来的这一整句话是什么意思；听了很长时间的课，模糊地感觉听懂了，但什么都不记得……

当你出现这些症状时，你多半就处于大脑供能不足的状态了。

而课间做些活动能够缓解这种供能不足。在室外活动时，你的供氧量会变大（人口密度大的室内总是相对缺氧的），大脑会更清醒，并且适当的运动也能提高你的神经活跃度，让你的大脑没那么昏沉。当你略微做了些活动以后，再返回教室去听课时，大脑的运转效率就会变高。

所以我不建议同学们在课间时待在教室里坐着，最好走出教室活动一下。有些同学习惯下课了继续学习，看起来很勤奋，但未必很高效。除非遇到了重难点知识没有理解，需要立刻找老师和同学询问，或者自己抓紧研究一下解决问题等特殊情况，否则我不建议将课间时间用来学习。具体的课间活动类型，我会在最后一章中给出更详细的建议。

第二，微观学习环境准备。

根据我的观察，中国的中学生（尤其是高中生）在一件看起来不起眼（但对学习效率其实有不小影响）的小事上面急需提高——整理课桌。一张小小的课桌，代表的是你的微观学习环境。

中国中学生的课桌常常是凌乱的，上面堆满了各种文具和各个学科的练习本、试卷、教辅书与课本。凌乱的桌面看似与课堂听讲的效率无关，但它其实会在不知不觉中降低你的学习效率。你会变得容易分神，在课堂紧张的节奏里多花费几十秒或者一分钟去寻找对应的资料——说不定就此错过了一两个重要知识点。

你可以在课前收拾好自己的课桌，将上一门课程的资料整理好收起来，并提前将下一门课程可能要用的资料放置好，一般包括：

- 基础文具
- 课本
- 笔记本
- 错题本
- 教辅书
- 特定试卷

这些不起眼的准备工作，能够提高你的听课效率。

很多同学忽视了这些准备工作，是因为他们觉得这些准备所带来的效率提升太少，没什么意义。没错，我们承认收拾一下课桌并不是学习的核心环节，也确实提升不了多少效率——也许对整体效率的提升连1%都不到。但你应从全流程优化、复利叠加的角度去考虑问题，多个微小细节的微小效率提升，最终会汇聚成巨大的增益。

正式听课

听课的时候，一般要做好 3 件事：专注听课、理解和记忆知识、做笔记。那么，当我们想办法尽量提高这 3 件事的效率，也就获得了正式听课的高效学习策略。

专注听课

听课时，专注是第一要务。影响听课专注度的几个主要要素为天然专注力、精力、课程难度与信息密度、课程兴趣与重视度。我们来依次看看这几个要素如何改善。

第一，天然专注力。

如果我们想要专注地听课，就一定能静下心来听课吗？不一定。这首先受到我们自身天然专注力的影响。此处的天然专注力，是指在没有任何外界干扰、身心舒适、课程难度适中、对课程并不厌恶的情况下，保持专注的能力。这种天然专注力是长年累月的习惯与训练所养成的，在一般情况下，短期内难以改变（但可以通过冥想训练等方式以较快速度提高）。

第二，精力。

听课会受到精力的影响。如果你精力不足，那么上课就无法专注。精力受饮食、睡眠、运动、情绪乃至供氧量等多种因素影响。对于运动不足、供氧不足等导致的精力不足，可以通过课间的室外活动得到缓解。至于其他因素的影响与解决方案，我会在最后一章中详细解答。

第三，课程难度与信息密度。

课程难度、信息密度也会影响听课专注度。如果课程难度太低，或者课程中的信息密度太低，学生就更容易走神。比如，老师讲课往往是根据班级的平均水平来决定难度，那么班级的前几名学生就有可能觉得课程很无聊，进而听课时走神（因此这些排名靠前的学生常常选择不听课，自己做自己的事情，这是可以理解的）。由于课本与中考、高考脱离，学生会感觉某些语文课的有效信息密度低，因此，平均来讲学生在语文课走神的概率稍大一些。

要应对这种情况大致有两种方法。第一种方法是跳出老师的课程，进行自学。这种方法效率更高，但风险也更大，擅长自学的学生能够以此提高学习效率，但总有一部分学生会发现自己脱离了老师的节奏以后，并不能快速找到自己的节奏，自学后的学习效率反而降低了。如果老师的课程对你完全没有效用，那么自学的代价就低，可以大胆尝试。

比较尴尬的情况是，老师的课程对你的适用性略低，但也还是有用，处于食之无味、弃之可惜的阶段，此时如果放弃老师的课程而自学，最有可能出现前述迷失节奏、效率更低的情况。如果是不擅长自学的学生，此时要慎用该方法。

第二种方法是进行高强度的自主思维衍生。比如数学课上老师的课程难度对你来说很低，在做完了老师布置的练习后还有大量的空闲时间，你可以主动去思考一些衍生问题：这道题的本质是什么？解题时用了什么方法？和刚才那道题有什么联系？如果换一个条件会怎样……学习过我的系统学习策略课程的同学，则可以使用关联性学习法、模式识别等更高级的策略，主动补充信息密度。

如果课程难度太高，那么基础薄弱的学生也容易因为完全听不懂而走神，并伴随焦虑、烦躁或自卑的情绪产生。此时又有三种方法。第一种方法是积极提问，不懂的地方要坚决问出来，让老师解答，保证自己跟得上节奏。这种方法适用于那些差距不是太大的学生。如果差距很大，部分难点即使老师解答也听不懂，那么就考虑第二种方法，暂时放下高难度内容，专注吸收其中中低难度的内容。比如，老师讲了一道压轴题，你可以放弃题目的第二问，专注理解题目的第一问。如果差距实在太大，课程的绝大部分内容都听不懂，那就考虑第三种方法，即脱离老师的课程体系自学，将学习材料更换成更简单的。

这里就会涉及我在第二章中所讲到的学习中心论、学习自主权。如果之前你阅读该章节时未能深入理解为什么我会特别强调学习自主权的重要性，那在此处就很好理解了——如果没有学习自主权，在课程难度过高或过低、学习效率明显低下时，你只能被迫接受低效率的学习而无法调整。比如，老师严格规定上课必须听讲，不论你听不听得懂、有没有效率都一样，违者重罚（写检讨、叫家长、记大过等）。这样的硬性管理会影响部分想要认真学习的学生的效率。

第四，课程兴趣与重视度。

显然，你越感兴趣、越重视的课程，就越容易专注地去听课。如果一名学生不擅长物理，觉得物理很难理解、很枯燥，那么他在物理课上神游天外的概率就比较大，这是常识。

如何解决呢？比较常见的方法有两种。第一种方法是要求学生不能厌恶学习，一定要热爱学习才行。这种回答基本没有意义（然而部分老师和家长就喜欢这么做），一件你不擅长且做起来很累、已经因为它受了不少苦的事情，怎么能平白无故地爱上呢？

第二种方法是要求学生一定要重视课程，不能因为个人喜好而偏科，耽误了自己的学习、高考和前途，要成熟一点，权衡利弊。这种方法很正确，对部分学生也有意义，但还是浅了一点。很多学生的成熟程度已经足以意识到应该学习那些自己不擅长的课程，但他们依然无法在这些课程上保持专注。我们可以详细分析一下这些学生走神的心理过程，并寻找一下深层次的答案。

当一名学生不擅长的物理课开始时，根据愿意学习的本能，他会先尝试去听课。一段时间后，他遇到了比较难、比较枯燥的知识点，这时候他有两个选择：一个是他可以硬着头皮听下去，逼迫自己跟着老师一起思考，尝试弄懂知识点；另一个是他可以放任自己走神。

由于他不擅长物理，显然硬着头皮听课、思考、弄懂知识点对他来说是很费力的，大脑会有一种很疲惫、烦躁的感觉；而放任自己走神是很轻松的，大脑进入待机状态，毫不费力。大部分学生会选择更轻松的后者。

我们可能会意识到，这又与第三章所讲的学习的哲学联系起来了。高效学习离不开高强度用脑，而强制自己学习不擅长的内容就是典型的高强度用脑。如果一个人已经习惯了高强度用脑的状态，他所感受到的难受、痛苦的程度就会降低。对他来说，强制学习不擅长的内容并不太难，他更容易专注地学习。由于他的专注学习，一段时间以后，他在该学科上变得比较擅长了。

如果一个人极少经历高强度用脑，对于高强度用脑的状态很陌生、很抵触，那他强制自己学习不擅长内容的痛苦程度就很高，他也就更容易自动滑向轻松的放弃、走神等方式。于是，他变得更加不擅长这门学科，恶性循环开始了。这就是学习领域形成马太效应的一种路径。

所以我的建议是一定要熟悉高强度用脑的状态，不要回避它。在初期，你会不可避免地感到痛苦，那种费力、疲惫和烦躁的感觉着实让人难以忍受。但你需要强迫自己去忍受它，强迫自己努力跟着老师的思路走，强迫自己静下心来认真思考和理解知识点。一段时间后，这种痛苦的感觉就会淡化。拥有高强度用脑的能力和习惯，能让你在面对陌生和不擅长的学科时更容易上手和突破障碍。随着本书的阅读，你还会在其他章节发现高强度用脑的重大意义。

部分学生在此处会产生一个疑惑：上文提到对于难度太高、听不懂的课程可以放弃听课，以自学代替，这里又说要强迫自己努力听课，跟上老师的节奏，会不会矛盾?

答案是不矛盾，因为两种情况有所区别。第一种情况，是指课程难度确实太高，你已经认真听、认真思考了，依然听不懂；第二种情况，是你在刚刚遇到困难的时候，由于大脑的惰性和逃避痛苦的本能而直接放弃思考了，并没有做持续性的努力。如果你静下心来体会，就会在第二种情况里感受到浮躁与逃避的气息，这就是两者的本质区别。

如果你突破了最初不擅长、不愿学的障碍，深入学习下去，你会逐渐变得对其擅长，并能够发现知识中蕴含的细微趣味。两股力量叠加，你会逐步形成对该学科的兴趣，进而开始“不擅长—多学—擅长—喜爱”的正面循环，如图 5–3 所示。

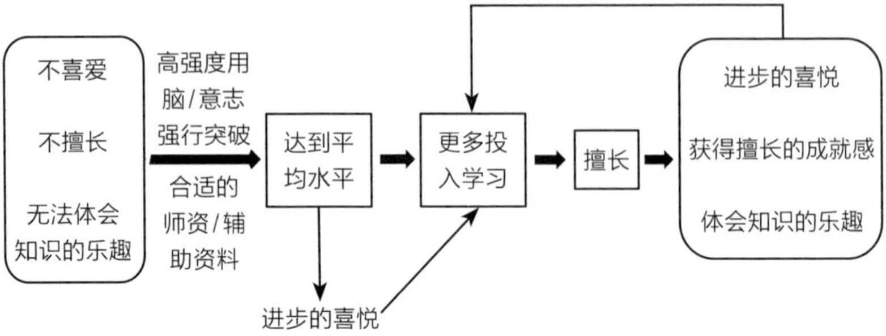

图 5–3　正面循环示意图

此处的注意事项是，也许你强迫自己高强度用脑、认真学习以后，依然无法突破学科的最初障碍，那么一般会有两个怀疑——要么是你的基础知识太薄弱，无法从当前章节开始突破，需要补齐之前所缺乏的知识；要么是你的老师、你所用的辅导资料不适合你，需要更换信息源。

理解和记忆知识

专注地听课，目的是理解和记忆知识。在不同的学科中，理解和记忆所占的比例差别很大。数学、物理两科需要记忆的内容很少，但需要理解的内容很多；英语需要理解的内容很少，只有少数语法点，但需要记忆大量的单词、词组和固定搭配。化学、生物、地理、历史、政治介于上述两类之间。

一般来讲，优先理解，其次记忆。

为了提高上课时理解知识的效率，一个重要的技巧是提问。不懂就问是很简单的道理，但它真的很简单吗？实际上有大量学生在提问环节上做得不好。他们容易在两个方面出问题——心态和提问模式。

第一，提问的心态。

很多学生上课时不愿意提问，要么是怕丢脸，觉得会暴露自己没听懂，显得自己不太聪明的样子；要么是担心自己提问打乱了老师的讲课节奏，影响了其他进度更快的同学听课。

我还记得自己在初中的时候就出现了几次怕丢脸的情况。那时候我已经是全班第一名，是班级里的风云人物了，然而偶尔也会有听不懂课的时候。我很紧张，生怕被别人知道，我这个第一名居然也会有听不懂的地方，生怕同学会笑我，死憋着不提问，留到课下自己去偷偷研究，查找资料。后来，虽然问题解决了，但我多花了好多时间，学习效率肯定是降低了的。现在回想起来，自己当时的心态还是挺搞笑的。

不过对于另一些学生来说，问题未必是搞笑的，而是会严肃很多。普通的青春期害羞可能会让你偶尔不敢向老师提问，不过在大部分情况下你还是敢于开口的。但有些学生会十分紧张、恐惧，不敢提问，以及十分担心自己的提问会影响老师讲课和同学听课，以至于自己的大部分疑问都没有问出口——这种情况多半出于个人的自我价值感较低等复杂的心理原因，并常常可以追溯到个人的早年经历、家庭结构和父母教育方式等。

你看，教育是件多么复杂的事情，并不只是知识点和题型的堆积而已。在遥远的过去，幼儿园老师对孩子的几次训斥，或者客厅里父母谈论隔壁家孩子的习惯，都有可能通过蝴蝶翅膀扇动的微风，影响你在中学课堂上的学习。对于不敢提问的症状，这部分同学可能经常听到家长或者其他大胆的同学讲道理：“如果不提问怎么能解决问题呢？是学到知识重要还是面子重要？因为胆小而影响高考和前途划算吗？”这些话都有道理，但是常常收效甚微，或许有少数几次你终于鼓起勇气提问了，但这些正确的道理并不能为你提供长期提问的勇气。

本书不是心理治疗的书，没法展开讲解如何处理自我价值感不足等复杂问题，在应试压力巨大的中学阶段也并没有足够的空间和时间能快速解决此类问题，往往需要留待成年以后再慢慢处理。对于中学生，我只能给出一个非常简洁有力的方法供大家参考——暴力突破法。

首先，你要了解基础的、正确的道理——就是上面提到的“不提问怎么能解决问题呢”“学知识比面子更重要”等道理。然后，在某一段时间内，你可以转换目标，将“敢于向老师提出问题”作为目标，而非仅仅是学会知识点。即，只要你提出了问题，就算成功了。最后，你鼓起所有勇气，强迫自己在短期内连续、大量地向老师提问。比如，你规定自己在一周之内每天至少向老师提问 3 次。这就是暴力突破法。

短期内大量重复同一动作，你就会逐渐习惯它，而它给你带来的痛苦和紧张也会越来越少。这是由人的大脑特性所决定的，对于同样的刺激，大脑会越来越麻木。最初几次你很害怕、紧张，但随着提问的次数越来越多，大脑中负责情绪紧张的区域会逐渐适应这种状态乃至疲惫，以至于想紧张都紧张不起来了。做个类比，当你第一次玩某款游戏时，你会觉得新奇、有趣、兴奋，如果你强迫自己连续玩几个星期甚至几个月，你就会对此游戏逐渐丧失兴趣，甚至感到厌烦——兴奋的神经麻木且疲惫了。紧张时也是如此。

这种方法的效果，是你在不触碰自我价值底线这个复杂的心理状态的情况下，单独解决了不敢提问的问题。

第二，提问的模式。

更多的学生需要的是修正自己的提问模式。如果提问模式不够好，会导致表达不出自己真正的疑问，老师也会不知道怎么解答才能让你明白。同时，有些明明该提问的地方，由于你不懂得怎么提问，也会错过机会。总之，我们需要一些基础的、有效的提问模式。

（1）不要笼统地说“这道题我没听懂”，而要具体地说“这道题的第n步我没听懂”

数学、物理、化学等学科知识常常有清晰的解答步骤，当你提问的时候，最好清晰地表述自己是哪一步不懂，或者从哪一步开始不懂。这不仅能让老师更快速地解答你，提高沟通效率，也是在逼迫自己进行更高强度的思考。

很多时候你可能对一道题整体感到疑惑，你的本能是直接说“这道题我不懂”。但你到底是从哪一步开始不懂的呢？这实际上是一个精细思考、精确定位的问题。如果你问不出“这道题的第三步不懂”这样的问题，说明你不仅不懂，而且不知道自己哪里不懂，或许你根本就没有用心思考题目。“这道题的第n步我没听懂”这类问题，会逼迫你进行精确定位，从而提高你对知识的深入理解。

（2）对于知其然但不知其所以然的问题，可以提问“怎么会想到要从这个思路着手呢？”

这是个非常有趣的问题。比如政治老师告诉你，某道题要从“财政税收”“人民代表大会制度”“辩证法”三个角度去答题才能得满分，一般学生的反应是直接记下来答案，但很多学生并不知道为什么要从这三个角度去答题，即所谓知其然但不知其所以然。你可以像“为什么要从这三个角度去答呢？怎么能想到这三个角度呢？”这样提问。再如，数学老师在黑板上写出了一道难题的精彩解法，一般学生的反应是记下来答案，能看懂、能理解就行，但这个精彩的解法是怎么想出来的，很多学生并不会去深究。你可以问：“怎么会想到要这样做，这样变换式子呢？这个思路是怎么想出来的呢？”

不少老师讲课的时候只会向学生展示答案，并不会展示面对题目时的思考过程，而学生提问的这类问题会逼迫老师去展示自己的思考过程——“我先是这么想的，然后根据题目的这个特殊条件做了变形……”如果老师自己也没有思考过这个问题，只是单纯做题做多了背下来原题和答案，他就可能会吞吞吐吐，难以解答你的问题，或者模糊地应付“就是这么想出来的”“做多了就知道了”。

这时候你可以看情况机智地补一句：“难道没有分析题目的思考过程吗？那学数学不成了死背答案了吗？”这样的问法往往会刺激老师的神经，逼迫他去思考题目的本质和要点，从某个角度来说，意义也是积极的。

（3）对于好像听懂了但又不太确定的问题，你可以说“能不能再举个例子？”

如果问题比较抽象，很容易造成自己好像听懂了但又不是完全确定的感觉。这种时候你需要再找一个案例来确认一下自己是否真的听懂了，所以你可以向老师提出“再讲个案例吧”，这就像在餐馆里说“老板再加个菜”一样自然。

比如英语老师匆忙地讲解了两个相近词组的区别，给出了两个词组的汉语意思。你当然能听懂汉语解释，但这两个词组你完全掌握了吗？不能确定。你可以提问：“能不能补充两个完整例句，看一下这两个词组的应用情境？”

这些基础提问模式能够进一步帮助你提高听课时的理解效率。

除去课上的常规提问，你还可以用到预习环节制作的预习提问表。在预习环节，你已经积累了一些疑问，在上课时就可以对照着这张提问表进行提问。预习提问表上的问题，如果老师在课上解答了，你就在问题后打钩。一节课结束后，看看提问表上打了多少个钩，那些还没打钩的问题就是你需要找老师问的。这种方式能有效防止你漏掉课程中的重点内容，提高你的听课效率。

做笔记

上课时，以听懂老师的讲解为主，其他事项都是辅助，做笔记也不例外。有些学生在课堂上习惯于埋头做笔记，把笔记当成了学习的标准，甚至是学习的目的。下课后，看着满满几张纸的笔记——你的劳动成果，你可能会觉得很有成就感，尤其是当你的笔记做得特别精致、工整时，不同颜色的文字、线条和贴纸装饰得满满的，自己的成就感就会特别强烈。但在不久以后的测试里你就会发现，这样精美的笔记貌似没什么作用。一来你很可能不会再去翻阅这些笔记，它们只是装饰品和心理安慰而已；二来其实你并没有理解透彻课上的内容——毕竟做笔记太忙，自己没时间思考了。

我给出几条做笔记的总体原则：

（1）优先思考和理解老师讲的内容，笔记为辅助

主要精力一定要放在内容理解上，而非做笔记上。如果理解内容和做笔记有冲突，那么一般要放弃做笔记而抓紧时间理解内容。

（2）课上做笔记要快，可以只写关键词

为了有充足的时间去理解和思考课程内容，做笔记时一定要快，要动作麻利。为了达到快的效果，做笔记的时候可以不写完整内容，甚至不写整句话，只记录关键部分——一些关键公式、步骤或词。

（3）在课尾、课后的时间里整理笔记

在课尾时间里，刚好可以整理笔记，把那些零散的关键词整理成结构化的、完整的笔记。

这样的整理很有必要。尽管在课后的几小时或者几天内，你依然能够对着零散的关键词回忆起完整的内容，但几个星期甚至几个月后，你会逐渐忘记这些内容，再也想不起那个关键词对应的完整意思是什么，因此你需要一个清晰的、完整的笔记。在进行笔记整理的时候，你也顺便对课程内容进行了一次回顾和梳理，可以加深理解。这件事一般放在课尾进行，如果没有课尾（老师整节课都讲完，甚至拖堂），那就放在课后进行。

课尾

在一节 40 分钟的课堂上，老师讲完正课后，有时会留下几分钟时间给学生自习，这几分钟就被称为课尾时间。虽然只有短短几分钟，但我们也不要忽视它对学习的意义。

课尾至少需要承担四项任务：

第一项，盘点本堂课的重难点和题目，看看有没有无法理解的内容。如果有不理解的地方，就要赶紧找老师问。如果课尾的时间不足，则顺延至课后，必须把没有理解的内容弄懂。

第二项，核对预习提问表（如果你做了的话），看预习提问表中是否有遗留问题。如果有遗留问题，同样需要向老师询问。

第三项，回忆与补全笔记。如之前在听课环节中提过的，有时听课来不及做完整的笔记，此时就可以将笔记补充完整了。你也可以尝试把补充笔记与记忆本堂课知识点结合起来。

第四项，做练习或记忆本堂课知识点。如果完成了之前的三项任务，还有空余时间，那么你可以选择做课后练习或记忆本堂课的知识点。

要注意，这四项任务是有严格排序的，越靠前的越重要，必须在完成前一项之后，才能执行后一项。这是听课的原则，理解性的内容更重要，需要优先解决，而课后练习与记忆则可以往后面排。

现在让我们来整理、回顾一下听课的整个过程。

课前，你可能已经进行了预习，进行了课间活动以调整状态，并做好了微观学习环境的准备。在听课时，你（尽量）全程保持高度专注。在课前准备时，你尤其需要快速调整状态，从课间的闲聊和兴奋状态里拉回注意力，快速投入课程中。在课中，你以理解知识内容为主，记忆和做笔记为辅。同时，你可以及时对照预习提问表中的问题向老师提问，也可以根据课上讲解的常规内容提出疑问，并注意使用一些基础的提问模式。在课尾，你进行笔记整理和思考，看有无新问题产生，并再次核对预习提问表，检查是否有问题遗漏。如果有，就在课尾和课后找老师或同学提问解决。课程结束后，你需要再次进行课间休息，并做好下节课的课前准备。

5

练习的策略

——把握考试提分的灵魂

听课是学习的中枢环节，然而在目前的教育体系里，练习才是提分的灵魂。一切学习策略的效果都需要在练习中体现。

目前，你在使用什么练习策略呢？

大部分中学生都在使用同一个策略——题海战术。初中生的作业量已经不少，高中生更是要每天面对数不清的试卷和资料，各学科加起来，平均每人每天要做几百道练习题，直至做到深夜，所谓“一入高中题似海，从此睡眠是路人”。

既然中学生在大部分时间都和练习题打交道，那么高效的练习策略对中学生来说就意义重大。那我们目前所普遍采用的题海战术管用吗？显然不是对所有中学生都管用的。

第一，当大多数人在使用同一种策略时，即便这种策略本身有一定意义，其所带来的效用也会因很多人都在使用而相互抵消，无法给你带来竞争优势。由于应试压力巨大，题海战术早已普及，国家级重点高中的实验班，以及县城中学的普通班，几乎所有中学生都在采用这一策略。单纯地使用题海战术，并不能让你取得进步，你需要补充其他练习策略。

第二，题海战术本身就是效用很一般的初级策略。尽管所有中学生都在用题海战术，但依然有很多中学生成绩平庸，不会做的题错了一次还能错第二次、第三次；原题做会了以后，稍微变化一下条件又不会做了。本质上，题海战术并不能有效提高你对知识和题目的深度理解，它既没有在微观层面上加强你的题目分析能力，也没有在宏观层面上指导练习进阶的路径，只是增加了一点做题经验和碰到原题背出答案的概率而已。与那些不做题、不学习的中学生相比，用题海战术当然是有优势的；但在一群学习都很认真的中学生当中，使用题海战术则收效甚微。

为了帮助大家提高练习的效率，在此处向各位中学生介绍高效练习的三种初级策略和两种中级策略，分别为：

- 排序策略（初级策略）
- 单一重复策略（初级策略）
- 知识定位策略（初级策略）
- 结构化练习法（中级策略）
- 分层处理（中级策略）

排序策略

当我们学习和做练习时，一般按照从易到难的顺序才会达到最高的效率。如果顺序混乱，那么效率反而会降低。

部分学生比较聪明，爱表现自己，喜欢向他人证明自己很聪明。这些学生常常会选择一种学习方法：在刚刚学完基础概念、练了一两道基础题之后，立刻去研究中高等难度的题，甚至是压轴题——这样他们就能体会一种“我的进度比别人快”“我比别人聪明”的感觉。

如果你确实是天才，那使用这样的跳跃性学习方法倒也没什么影响。但对于普通学生和那些有一点小聪明（但又不是天才）的学生来说，跳跃性学习只会拉低你的效率。因为一段时间后，你终究会发现自己的基础不扎实，缺少了大量中等难度题目的铺垫，不得不退回去补课，从而造成了学习进度大幅倒退、时间浪费、效率降低的结果。

我们做练习时，要对题目进行排序，按照“简单题—中等题—中高等难度题—压轴题”这样的难度顺序去练习，尽量不做阶段跳跃。这样的排序方式，会提高我们的练习效率。

题目的难易程度一般按照下面几个维度去判断。

（1）推理步骤的长短

数学和物理的题目难度经常按照此标准来判定。简单题通常 1~2 步就算出来了，而压轴题的逻辑推理就特别复杂，需要 8~10 步。另外，化学当中的推断题、地理当中的某些大题也需要较复杂的推理，都可以依此标准判定。

（2）背景信息的多少

有些题的难易不在于推理步骤的长短，而在于出现了大量的背景信息乃至干扰信息。典型的如历史、政治、地理的某些大题和论述题，原本不复杂的题，经过长段的阅读材料的修饰后，就变得有点难度了。另外，最近几年的物理题甚至数学题也开始出现这方面的趋势，某些题目不再给你简洁的条件，而是很长的背景信息，不仅考查你对数学、物理知识的运用能力，还要考查你的阅读速度、提炼关键信息的能力。我们一般从背景信息少、阅读材料短的题目入手。

(3) 知识点的多寡

通过多个知识点的拼接，也容易形成难题，典型的就是物理、政治、历史和地理这些学科。高中物理压轴题的常见套路是把运动学、受力分析、动量或动能以及电磁场等知识点综合起来；而政治、历史、地理这些学科更是可以给你一段生活材料，然后包含七八个单元的知识点。我们一般先练习涉及知识点少的题，后练习涉及知识点多的综合题。

单一重复策略

从简单题向高难度题进阶的过程中，我们大致有两种练习模式。

第一种练习模式如下，先做 3 道基础题，如果感觉基本没问题了，就提升难度去做 3 道中等题。如果感觉中等题也基本拿下了，就再次提升难度，做 3 道中高等难度题。如果中高等难度题也大致能够拿下了，就再次提升难度，做 3 道压轴题。

第二种模式是先做 10 道基础题，彻底练熟了再提升为中等题。中等题也练习 10 道，练得无比熟了，再提升为中高等难度题。同样是做完 10 道练习以后，完全练熟了，再向 10 道压轴题冲刺。

你选哪一种练习模式？

在正常情况下，大部分学生会选择第一种练习模式，因为第一种模式只用了 12 道题就直接完成了从简单题到压轴题的冲刺，而且每一次都是在感觉自己能理解、能弄懂的情况下才提升难度，并不觉得有什么问题。作为对比，第二种练习模式的进阶速度则慢了很多，足足花了 40 道题才缓慢完成。我们感觉，第一种练习模式更快、更高效，因而更能带给我们成就感，并缓解我们对学习的焦虑感，因此我们会选择它。

不过第一种练习模式真的好吗？

按照第一种模式练习后，大部分学生会在不久之后遇到新的问题：遇到类似的题目依然不会做，甚至连原题都不会做了；听老师讲题、看答案时能懂，自己做却不会；明明感觉不难的题目，自己却做不出来，最后变得焦虑、烦躁……只有少数学生在按照第一种练习模式训练后不会产生后遗症——特别聪明、天资卓越的那种学生，而其他大部分学生都会遇到麻烦。

为什么会这样呢？

在题目难度进阶的过程中，往往有这么一种特性：更高难度的题目往往是以中低等难度的题目为基础的。我们会有一种隐藏的观念，觉得对知识的掌握不需要“过于熟练”，做到能理解就行了，基本掌握了中等题后，不就该向中高等难度题冲一冲了吗？其实正是这样的观点降低了练习的效率。

让我们来看一个类比。盖楼房的时候，二楼以一楼为基础，三楼以二楼为基础，以此类推。如果每一层楼都盖得绝对坚固，那么这栋楼就可以盖很多层，直至高耸入云。但如果每一层楼都是盖得比较（而非绝对）坚固呢？比如一楼盖得比较坚固，那么单独的第一层楼就不会垮塌，甚至盖二楼的时候也不会特别摇晃，可是继续盖房子，等到三楼、四楼的时候就会看到明显的晃动。随着楼层的增高，下面楼层的细微不平稳、不坚固就会被放大，导致四楼、五楼无法盖成功。很明显，这不是因为你对四楼的建构有问题，而是下面三层楼有问题。

同样的道理对于题目难度的进阶也成立，但题目的重点知识点太抽象，不如盖楼房或搭积木那么直观。很多学生在中等题、中高等难度题遇到困难时，没有意识到可能是基础知识点和基础题型不熟练导致的。

大部分不那么聪明的学生，需要把中低难度的题练到特别熟练以后，以中低难度的题为基础，来构造自己对难题的理解。这些中低难度的题实际上起到了一种类似于二级结论、中间结论的作用。

总的来说，每一个难度层次的题目，我们都需要把它练得非常熟，做到烂熟于心，几乎形成了本能反应的程度——而非比较熟、大致能理解的程度——然后去攻克下一个难度的题目，这样的练习方法就叫作单一重复训练。

在实际操作过程中，我们可能没法做到绝对单一重复训练，比如老师讲课、讲例题的时候，可能就是每个知识点、题目讲一两遍就过了；老师发一份练习资料，上面的题目也是一两道简单题，一两道中高等难度题，再加一道压轴题——都不符合单一重复训练的条件。这也没关系，你在课下练习的时候，去把练习度不够的知识点和难度层次补上去就行了。

单一重复策略对于数学、物理这种难度进阶非常明显的学科来说适用性很强；化学、地理和生物的部分题型也有较强的难度进阶，因此也比较适用；对政治、历史的适用性较弱；对英语则不适用。

很明显，单一重复策略和排序策略是可以结合使用的。只有做好了排序，才能进行单一重复训练。

在实际操作的过程中，我们往往需要大量的辅助资料。如前所述，学校里发的资料可能因题目数量不足，难以让我们在每一个难度层次上都达到彻底熟练的状态。有些学校的资料里会有过多的基础题而缺乏中高等难度题，有些学校的资料里又会有过多的中高等难度题而缺乏基础题。我们可以自行添加辅助资料，达到单一重复训练的效果。具体如何使用辅助资料，我在第九章中还会有详细介绍。

知识定位策略

知识定位策略，是指当我们做练习的时候，不要仅仅将思维局限在题目本身，而是要去首先思考，这是在考查哪些知识点？它对应了课本上的哪些公式、原理？这样的练习方式能够加强我们对课本和知识点的理解。

这种策略特别适用于政治、历史、地理、生物等学科，对于化学、物理、数学也有较好的作用，而对英语的作用稍低，对语文的作用就更低了，如图 5–4 所示。

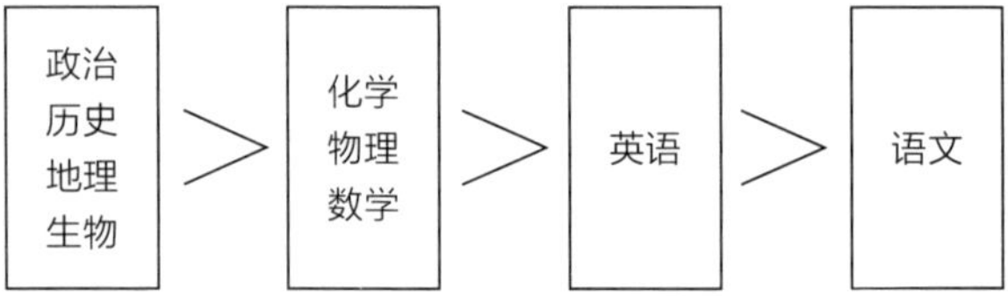

图 5–4　知识定位策略适用性排序

课本上的知识点与我们所做的练习题有这样一种对应关系：知识点都可以包装成练习题，而练习题考查的内容一定源于某个知识点。这就像一根线牵着两个铃铛，拉动了这一头，另一头一定有回响。

但我们在做练习时会经常忽略这种联系，将题目和课本上的知识点分割来看。这样的分割越强烈，学习的效率就越低下。知识定位策略的作用是强迫你回归课本，强迫你将这种联系重新建立起来。比如面对一道历史分析题，由于我们对历史知识本身有了解，有自己的见解和想法，我们容易根据自己的想法——往往是不成熟的想法——去写答案，这样的练习就很低效。知识定位策略则会要求你先放下自己的想法，去思考这个题目与课本上介绍的哪些原理有关。

这也是此策略对不同学科的适用性有差异的原因。政治、历史、地理、生物等学科，题目与课本知识点是高度统一的，因此知识定位策略效用极佳。这些学科的老师也会经常强调，一定要回归课本，其实就是类似的思想，只不过此处给出了更具体的大脑思考动作，练习方式更清晰。对化学、物理、数学等学科，其中的中低等难度题也是与课本知识点紧密联系的，但中高等难度题目则超出了课本知识点的范畴，核心点在于课本外的复杂变化技巧、复杂场景分析，所以知识定位策略对这些学科有一定的作用，但作用不大。英语学科由于知识点太零散，不成体系，所以使用知识定位策略会显得很琐碎，操作麻烦。而语文学科，除去基础的文章背诵和文言文字词意思能对应上课本知识（而这些题型的分数占比是极小的）外，占分数比重较大的阅读理解、赏析和作文与课本知识点是严重脱节的，所以知识定位策略对其基本无用。

结构化练习法

结构化练习法是结构化思维在练习中的应用，它是指我们在做练习的时候，要尽量以分类的方式集中训练。针对同一知识点或同一类型的题目，最好集中练习，练熟了以后再去练其他题型，而不是每种题型各自练一些——有点类似于我们平常所进行的专题练习（不过专题训练是否能够展现标准的结构化思维模式，还要看编撰专题的老师的水平）。

比如初三学生要练习数学题，他做了一张中考数学模拟试卷，练习题目依次为二次函数、平行四边形、一次不等式、相似三角形、圆、勾股定理……各种类型的题目穿插在一起。第二天他再做一张模拟试卷，又是各种类型的题目混合起来。在做完几十张、上百张模拟试卷后，理论上应该能够覆盖每个章节的几乎所有题型，但实际上这样练习的效率非常低。这就是典型的非结构化练习法。

按照结构化练习法，你应该在一段时间内——几小时到几天——只做一种类型的题。比如，今天有 2 小时的数学学习时间，你最好就不要做一整张数学模拟试卷，而要做一张数学专题试卷，专门练二次函数的各种题型。你甚至可以专门练二次函数的一种分支题型——如二次函数内嵌一个三角形，求三角形面积的最大值或最小值。这样的练法能够让你一次性吃透相关题型。

不过结构化练习法的使用也有一些需要注意的事项。

（1）逻辑性越强的内容越适用结构化练习法

典型的如数学、物理等学科，化学、生物、地理、历史、政治等学科也比较适用。对于英语这类以记忆为主的学科，使用结构化练习法意义不大，但其中的语法部分有一定的逻辑性，所以可以使用。语文的文言文积累、作文素材积累、文章背诵不适用结构化练习法，但阅读、作文立意训练又比较适用此方法。

（2）在新课期的单元小结、总结、期末复习和初三、高三的一轮、二轮复习时期更适用

在初一、初二、高一、高二学习新内容期间，由于部分学校进度较快，学生在一天之内学的内容较多，可能没有时间进行结构化练习（一般练习量比较大）。但在单元小结、总结和期末复习期间，学生是一定可以找到时间进行结构化练习的。结构化练习往往能够大幅加深你对知识点和题型的理解。

在一轮、二轮复习期间，则是典型的结构化练习法的天下；而在三轮复习期间，学生一般要开始注意去结构化，应以刷题积累手感、寻找考试节奏为主要目标。

分层处理

分层处理是一种相对高阶的练习方法，它的效力很大。但由于它的使用难度也大，甚至比一些更高阶、效用更好的方法更难用好，需要注意的事项更多，所以我对此方法综合评级降至中级——不过，它仍是一种值得了解的方法。

在单元复习，期中、期末复习和初三、高三复习阶段，一般同学的基础练习已经比较熟练了，需要进入增加题量、弥补漏洞的阶段。此时，我们可以找到大量练习题——一般为普通作业量的2~5倍，以大量看题、少量做题的方式进行习题处理。我们大致将题目分为两层：第一层，看完题目立刻能得到答案，或者立刻能想出思路的题目——这些题目看过就好，不用动手做；第二层，看完题目后无法立刻想出解题思路，需要动手尝试的，这些题目就动手做。

这种练习方法就叫作分层处理。

分层处理的效力很大，按照此方法练习，你能够避免大量的无效练习——那些已经熟练了不需要再做的题目。复习期时，你练习的题目已经很多了，所以题目的重复率也是很高的，如果不使用分层处理的方法练习，你将会有大量时间浪费在无效练习上——可能高达50%~90%，视你的熟练度而定。而使用分层处理，你的见题量将比使用原始方式扩大2~5倍，并且挖掘漏洞和弥补知识空缺的速度也会同步提升好几倍。

用好了分层处理的方法，中等水平的学生能够以巨大的加速度上冲至中高水平；而对中高水平冲刺高等水平的学生来说，这种方法同样意义巨大。因为在中高水平和高等水平之间横亘着一堵无形的墙，普通的努力方式极难突破，而分层处理的方法则能使学生快速突破此屏障。

当你正确使用分层处理的时候，你的大脑会产生一种感觉——精神高度集中，运转非常迅速，简直比平时快了好几倍！显然，此时你的思维速度极快，思维量极大，处于典型的高强度用脑状态。

总之，这个方法简直是一种“神器”。

然而这个方法的使用有一定的风险。在分层处理练习时，部分同学经常会陷入一种误区——一道题，你一眼看上去以为是会的，便匆忙去研究下一道题，但其实这道题你并没有真正掌握，于是你错过了一道对你来说非常重要的题。这种“我以为我会做”的状态就是分层处理方法使用时的最大困境。

要破解这个困境，需要你对知识点和解题模式的认知极为清晰，对关键点、关键步骤彻底掌握，要超越那种模糊的题感才行。模糊的题感是比较容易形成的，只需要做几道题就会有了；但彻底掌握关键点、关键步骤则没那么容易，需要更清晰的思维和更扎实的基础知识才行。

显然，分层处理和单一重复策略、结构化练习法可以结合使用、相互促进。分层处理需要你对题目吃得很透、理解得很深才行，它对透彻性、深刻性的要求超出了一般练习法能够达到的极限（所以普通学生用分层处理容易出问题）。但单一重复策略和结构化练习法则能够大幅加深你对题目的理解，让你更透彻地掌握知识点和题目，从而为分层处理的使用做好准备。

以一个类比来说明，单一重复策略和结构化策略相当于内力，而分层处理相当于奇特、精巧的剑招，你需要用内力来驱动剑招。此外，排序策略和知识定位策略也有一定加强内力的作用。

至此我们可以回顾一下之前的几种初级策略，如单一重复策略、知识定位策略等，单独看这些策略的时候，我们可能会觉得并不惊艳，只是普通的初级策略而已。但一方面，对于非顶尖选手来说，初级策略也有巨大的作用，做好了初级策略使用的学生，已经能够达到至少中上等水平，甚至是初级学霸水平了；另一方面，初级策略经常是中高级策略的铺垫，没有初级策略做基础，你就无法使用特定的中高级策略。

所以，永远不要小看这些初级策略。普通人不要小看，高手乃至顶级高手也不要小看。即便是顶级高手，也会偶尔在某些陌生的、不擅长的学科和章节里进入初级和中级阶段，此时，他们一样可以使用这些策略来进行快速突破。

在我的学习策略课程里还有更高级的策略，如模式识别、拆解定位、逻辑链条、条件核检法（其中条件核检法在我的公众号【学习策略师】中有文章介绍，可以回复关键词“条件核检法”查看）等，限于篇幅此处无法展开。另外，对于不同学科也会有不同的特殊练习法，介绍起来较为琐碎，此处也不做赘述了。本节的几种练习方法，足够大多数学生大幅提高练习的效率了。

6

复习的策略

——高效复习，不是临时抱佛脚

在诸多学习环节中，复习是个相对简单的环节，不过其中依然有可以提升效率的地方。我们要始终记得全流程优化的复利威力，微小提升的累加，会带来总体结果的飞越。

基础的学习大致可以分为两件事情——理解和记忆，复习也不例外。针对理解型内容和记忆型内容，我们也有不同的复习方式。

不同学科的复习方式

数学和物理

我们先从偏理解性的学科开始讲解，典型的如数学和物理。总体来说，数学、物理学科的复习以基础公式、定理为起点，以题型为核心，其中数学偏向题型变化，物理偏向原理理解。正如图 5–5 所示，高效的复习流程是：

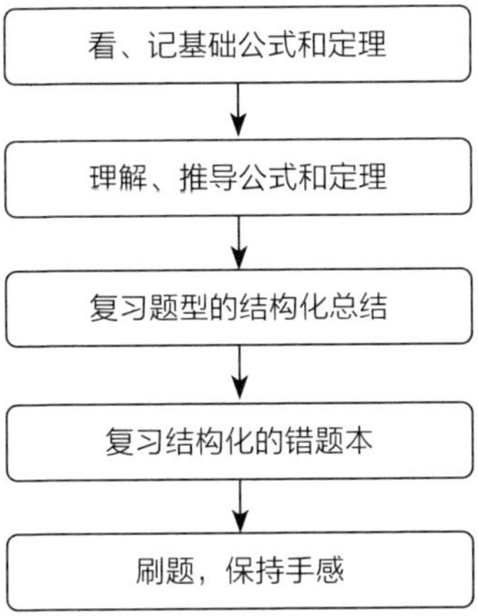

图 5-5　数学和物理的复习方式

（1）看、记基础公式和定理

熟悉基础公式和定理，并把它们背熟。

（2）理解、推导公式和定理

理解公式和定理的内容，部分公式要自己推导一遍。

（3）复习题型的结构化总结

这一步建立在平时有按照结构化的方式总结题型习惯的基础上。一般老师也会在复习阶段发放总结资料，学生可以作为参考（但老师发放的未必是完整、完美的结构化资料）。对于数学、物理等学科来说，这一步是核心步骤。

（4）复习结构化的错题本

这一步建立在平时有按照结构化的方式建立错题本习惯的基础上。高质量错题本应该包含经典题、易错易混题、陷阱题和自己的知识漏洞等，可以看作对题型结构化的进一步补充。

（5）刷题，保持手感

做一定量的练习题，或者模拟试卷，保持解题手感。

在实际操作中，基础较弱的同学建议从第一步开始复习，基础较扎实的同学则可以直接从第三步开始复习。

化学、生物、政治、历史和地理

这些学科虽然也有需要理解的内容，但记忆量很大，其复习方式会显著区别于数学与物理。与数学、物理以题型为核心不同，这些学科的复习需要以基础知识点为核心，辅以适量题目。其中，政治、历史、地理和生物的学习方式比较接近，完全适用下面的标准复习流程。化学则是一门半文半理的学科，既有一定的题型变化（如各类物质的量计算题、流程推断题等），又有不少琐碎知识点（如实验器材的作用、实验反应条件、物质特性等）。所以其复习方式在参考下列标准复习流程的时候，也可以适当参考前述数学和物理以题型为核心的复习方式。

正如图 5–6 所示，标准复习流程如下：

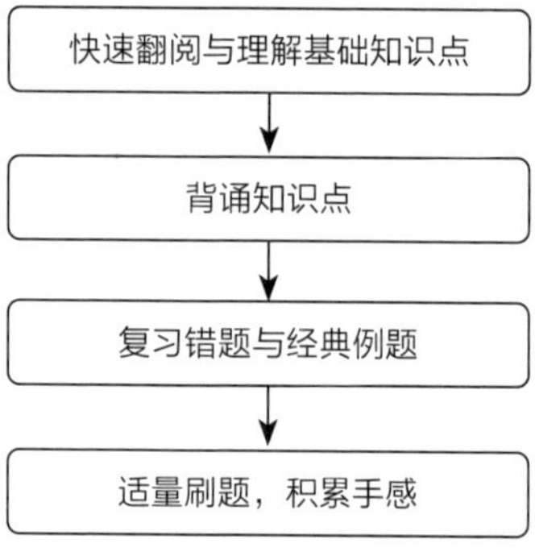

图 5–6　化学、生物、政治、历史和地理的复习方式

（1）快速翻阅与理解基础知识点

快速翻阅课本与笔记，理解基础的知识点。翻阅和理解时，最好以结构化方式进行。

（2）背诵知识点

由于琐碎知识点多，需要背诵的量比较大，所以将背诵作为一个步骤单独提出来。具体的背诵方法此处暂且不细说，留在第七章。

（3）复习错题与经典例题

这些学科不以题型为核心，所以可以将错题与经典例题的学习合并在一起了。其中，政治、历史、地理等学科的错题和经典例题中的选择题，主要反映的是各种知识点的漏洞，因此这一步与第二步有密切联系；而大题、解答分析题则偏向对知识点的应用能力，对这一部分的复习需要深入题目中，领会题目与知识点的对应模式。

（4）适量刷题，积累手感

做一定量的练习题和模拟试卷，保持手感。这些学科需要的刷题量会小于数学、物理等学科。

这些学科由于知识点琐碎、记忆量大，不论基础是否扎实，都建议从第一步开始复习。因为基础再扎实的人也总会有零碎的知识点遗漏，不可能做到百分之百掌握。对于中考、高考的总复习来说，自然是从第一步复习到最后一步。而对于平时期中、期末考试复习来说，如果时间充足，则可以从头到尾复习；如果时间不足，则应考虑适当缩减最后一步——相对来说，这些学科没有那么需要刷题。

英语

在很多学生和家长的认知中，英语和历史、政治、地理等同属文科，和语文一样都是语言类学科，所以其复习方式应该基本一致。其实这是误区。英语是中学生所学的9门学科中最特殊的一门，其学习、复习方法都与其他学科有重大区别。英语的知识点极为零散，除少量语法题外，几乎没有需要深度逻辑理解的部分，而政治、历史、地理和语文虽然看似知识点很多，但其中需要逻辑理解的地方也不少。英语的复习也最复杂多变，因为在其他学科的复习中，“临时抱佛脚”总会有些用处，而在英语中却用处很小，因为它比其他任何学科都需要平时的积累。

面对英语的复习，建议大家不要一次性堆到期末或者中考、高考之前，而一定要在平时做好积累，否则临考前复习会很忙乱，而且效果一般。做好了平时的积累以后，考前复习就只剩下查漏补缺，复习模式就相对简单了，如图 5–7 所示。

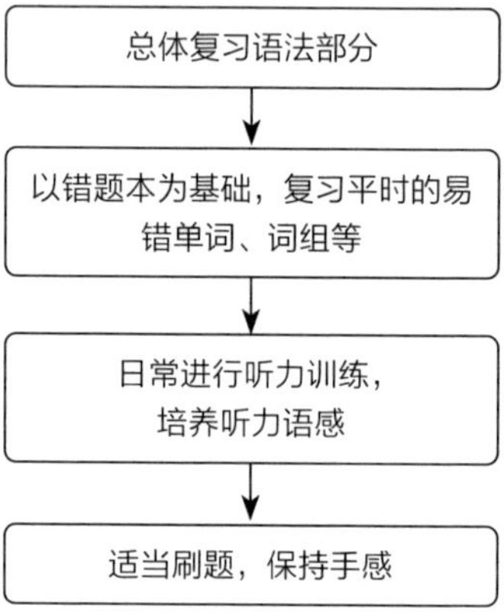

图 5–7　英语的复习方式

（1）总体复习语法部分

语法部分是需要一定的理解的，建议以结构化的方式进行。

（2）以错题本为基础，复习平时的易错单词、词组等

由于英语的知识点太琐碎，每一个单词、词组都可以成为考点，所以不太可能有时间全部复习到位，一般会选择优先复习错题本。

（3）日常进行听力训练，培养听力语感

日常听力润耳朵，可以培养语感。这一步的特殊性在于，它要尽早

开始，每天都听，而并不存在一个顺序。甚至有些同学原本就有每天练听力的习惯，复习期间也不过是坚持习惯而已。

（4）适当刷题，保持手感

在英语的复习中，刷题的需求也比较小。但如果是中考、高考的考前复习，则需要大量刷题（其实每一门学科在中考、高考前的最后阶段都需要大量刷题）；如果是期中、期末考前复习，则基本不需要刷题。

语文

语文又是一门很特殊的学科，看似是与英语类似的语言类学科，但它需要背诵的基础知识点其实比英语少很多，只有少量要背诵的古诗词、文言文和文学常识，其真正的难点在于考查逻辑能力的阅读理解和作文。

对于古诗词、文言文和文学常识的复习，类似于英语，最好把主要工作放在平时，考前"临时抱佛脚"的性价比不高。

对于阅读理解的复习，类似于政治、历史等学科。

作文需要平时的训练，不太需要复习，只需要提前背下素材。高考前如果有条件的话，倒是可以看一看名师的作文押题。关于押题需要注意：第一，押题是锦上添花，不属于语文学习和复习的核心，不必在上面花太多时间。第二，作文押题不是乱蒙，不是散弹打鸟那样押了几十道、上百道题，最后中一个，那样性价比太低了。押题其实是需要通过观察上一年的国家战略，抓住"高考作文反映国家意识和导向"的原理，进行深度逻辑分析的定向推测（这条原理主要适用于全国卷高考，中考和地方卷高考则无法精确押题）。我曾在 2017 年、2018 年和 2019 年这三年都提前 3 个月押题命中全国卷高考作文方向，其中 2019 年对全国Ⅱ卷更是连题干都压准了。看了我预测作文的学生表示，怀疑高考作文命题老师就是在抄我的预测文（这当然是开玩笑）……

具体的预测方法，有兴趣的读者可以在公众号【学习策略师】中回复关键词“2019 作文预测”查看当时的预测文，学习其中的分析和预测逻辑。

本章结语

流程思维相对复杂，包含的具体学习策略很多，从预习到复习一应俱全。但我们首先应该记住的是破除秘籍型思维的执念，领悟全流程优化的复利威力。它不仅给我们的学习进步提供了方向，更因其能在平凡中创造奇迹的特性，而安抚我们焦虑的内心，让人更容易脚踏实地地学习。

同时，流程思维天然带有宏观属性，要求你跳出细节性的学习行为，从更宽阔的视角上看待学习。这样的宏观视角天然有助于你形成自主规划和管理能力，能够促进自主学习中心的构建。

一起来思考以下问题吧：

- 你是否有秘籍型思维？具体有哪些表现？
- 你是否有从宏观层面上思考学习的习惯？
- 从预习到复习的策略中，你使用过哪些？
- 哪些策略是你可以立刻采用、应用到学习中的？

第六章

信息循环

——发掘漏洞并完美修补的方法

有知识漏洞而不自知是学习的大忌，所以查找漏洞与弥补漏洞的方法，便是高效学习的精妙法门。信息循环的完整与高密度执行，则是处理一切知识漏洞的根基。

1

做事的两种逻辑

——为了效率，我们该跟知识点死磕吗？

学习策略不仅可以源于教育学、脑科学和认知心理学，也可以源于生活的其他维度。在讲述具体的学习策略之前，让我们先来研究一下做事的逻辑——如何把事情做到最好？

做事——任何事，不仅仅是学习——大致有两种逻辑。第一种逻辑认为，我们应该尽量一次性把事情做好。比如，成人在工作时应该尽量一次性把工作做到最好，如果一个职场人士交给上级一份马马虎虎、大致能用的报告，可能会被上级狠狠地批评；如果他交给客户一套凑合着能用的产品方案，客户可能会立刻弃他而去。

学生学习时也是如此。如果一名学生这次遇到难题了决定先休息会儿，以后再去慢慢研究，那么他之后多半再也不会去研究。如果你在问答网站里发现了一篇介绍学习方法的深度长文，然而你暂时没有心情看完，决定先收藏起来以后再看，那么多半就再也不会去看。对于数学、物理这种逻辑性很强的学科，如果哪一节没有当堂听懂，那么后续的课程就会产生连续性雪崩。至于家长和老师也会反复强调，上课时最好当堂听懂，讲的核心例题最好当堂明白，今日事今日毕，绝对不要找借口，绝对不要拖延。而根据我们的经验，能够做到这些要求的学生，一般成绩也都还不错。

所以生活中有很多案例证明，这种一次性把事情做好的逻辑是成立的，这也是大部分人的常识。

问题在于，这是唯一成立的做事逻辑吗？

还有第二种做事逻辑。第二种逻辑认为，我们把事情做好，需要靠多次循环。

这种逻辑的典型案例是互联网企业。进入互联网时代以来，企业竞争变得空前激烈，节奏极快。以前一个传统企业的崛起往往需要十年八年的打拼，至少也要三五年的积累，而互联网企业却常常在一两年甚至几个月内就掀起巨大的浪潮。为什么这些企业会发展得如此快速呢？

起初，新兴的互联网企业发布了一种产品，这种产品或许功能单调、样式丑陋，有诸多不完美，被传统企业巨头嗤之以鼻，认为这种产品表现得像没有经过质检一样，还没打磨好就发布出来了。作为对比，传统企业巨头每发布一种产品都要精雕细琢、再三研究，无比慎重，绝不敢让半成品出现在客户面前。

可是过不了多久，互联网企业粗糙的产品就有了改进——某个功能更加稳定了，某个漏洞修复了，或者新增了一些功能。随着这些改进不断累加，产品越来越好，用户也越来越多——这一切就发生在一两年甚至几个月内。还没等传统企业巨头们反应过来，互联网企业已经从它们的手中狠狠撕扯下来一块肉，甚至将它们驱逐出场。

随着传统企业巨头们的衰落，互联网人兴奋地宣告新逻辑的成立——最优的策略不是一次性做出完美产品，而是不断进行产品循环。他们给这个策略取了一个如今已十分响亮的名字——快速迭代。互联网"大咖"反复宣传这个策略，以至于快速迭代成了整个互联网圈内尽人皆知的常识。甚至，传统企业巨头也需要适当引入快速迭代的策略了。

看起来，新兴的做事逻辑胜利了。

实际上，快速迭代的理念并不是真正的"新"。虽然它的具体模式在互联网时代才发扬壮大，但与其类似的思维方式早在一百年前就有人提出过——并且还不敢保证是最早的一位。

20 世纪 20 年代，质量管理专家沃特·阿曼德·休哈特提出了如今被称为PDCA循环的雏形，后经完善，形成了PDCA循环。PDCA循环是指要把一件事情做到最佳时，你可以按照下列四个步骤进行，如图 6–1 所示：

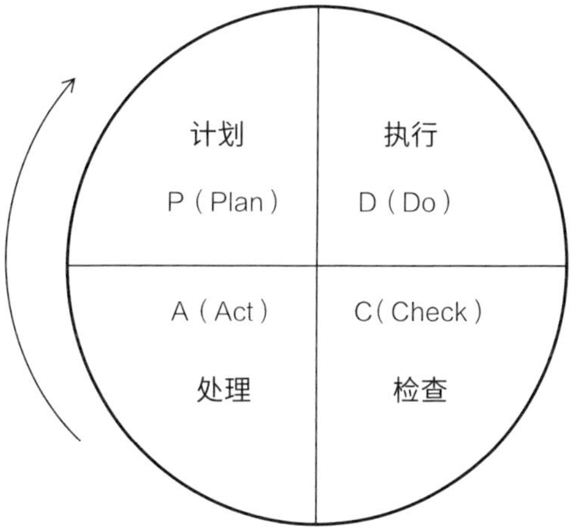

图 6–1　PDCA循环

其中，第三个步骤检查是指检查执行结果如何，有没有完成目标；第四个步骤处理是指对检查的结果进行总结，包括总结成功的经验与失败的教训。对于没有解决的问题、不完美的地方，开始新一轮的循环。

可以看出，快速迭代的理念和PDCA循环是有共通之处的，都强调某种循环，这是它们的内核。而它们的区别则在于表层——互联网企业的循环迭代速度可能比PDCA循环更快；互联网企业的迭代更偏向由用户来帮公司进行检查反馈，而PDCA循环则更偏向于内部的检测部门。

现在，我们再回到做事的两种逻辑的对比中来，并提出两个新的问题：

> 第一，为什么一次性做好的逻辑会输？
>
> 第二，虽然现在是快速迭代的逻辑打败了一次性做好的逻辑，但这两种逻辑之间真的有不可调和的矛盾吗？两者能否结合起来？

先来看第一个问题。这个问题的答案显而易见，因为快速迭代有好几个优势。一是虽然你想要一次性做到最好，但实际上你很难将事情一次性做到最好，甚至你根本不知道什么是最好，需要通过反复循环和用户反馈才知道什么是最好。二是快速迭代循环的试错成本更低，错误能够在早期被发现，而在一次性做好的逻辑下，一旦犯了错，经常是大型致命错误。

这两个优势已经相当重要了，足够让快速迭代的理念脱颖而出，但我还要重点提出它的第三个优势——效率。

有些时候，即便你可以通过慢工出细活、极端细致的思考等方式，一次性把产品做到最好，但这并非效率最高的方式，因为这个过程会特别慢。在没有外部反馈的情况下，要想凭空想出完美方案、自行找到所有漏洞，即便是可能的（其实在大多数情况下是不可能的），那也是非常困难的，需要消耗漫长的时间。你会在很多细节上卡住，不断地犹豫，到底是这样好呢，还是那样好呢？上一步到底有没有做到完美呢？这样的犹豫和纠结会消耗大量时间。

举一个例子，你可以去玩一种叫作“大家来找碴儿”的视觉游戏——两张高度相似的图片，要求你找到少数几处不同的地方。题目说明有 10 处不同，而你绞尽脑汁也只找到了其中 9 处，即使抓狂崩溃也找不到剩下的那处。这种时候你该怎么办呢？

第一种方案是硬着头皮继续找，在无限长的时间里，你总能够找到的。实在没办法了，你就瞪大眼睛，一个一个像素地依次对比，一定能够找到。这种方案可行，但要花费的时间可想而知。

第二种方案是去找一些反馈。你把图片发给 30 名同学，让他们一起找。有极大概率的，其中有几个人刚好就能找到你漏掉的那处。这种方案也可行，而且很可能只需要几分钟。

记住这几个优势，尤其是最后一个，我们在后面会用到。

再来看第二个问题：两种逻辑是否绝对冲突？是否可以同时起效？很多学生会疑惑，根据第二种逻辑，难道我第一次学习的时候就不用尽力学到最好吗？

答案是它们并不完全冲突。一次性做好的逻辑，更多指的是态度、习惯的问题。很多人所谓的以后再做、以后再学，只是一个借口，实际上他们根本不会再去做、再去学，而要求他们一次性做好，更多的是要求他们的态度要端正、习惯要好，不要逃避、不要拖延。那么，你可不可以用同样积极和端正的态度去进行循环呢？当然可以，两种逻辑并不完全矛盾。

我们接下来要探讨：在商业世界里非常有效的循环理念，如何在中学生的学习中运用呢？

2

中学生的信息循环

——一切成绩提高的基础

中学生的任务不是设计产品和商业经营，而是学习。学习，即理解和记忆大量信息，因此，中学生需要的不是产品的迭代循环，而是能够促进高效学习的信息循环。

什么是信息循环？

在第五章中，我们介绍过学习的流程，如前文的图 5–1 所示。

现在，我们需要在此基础上进行一些补充，变成高效学习的信息循环，如图 6–2 所示。

在此信息循环中，我添加了测试和章节融合两个环节。其中章节融合是指初三、高三阶段大量出现的跨章节综合题。

关于信息循环，你需要先记住几个基本要点。

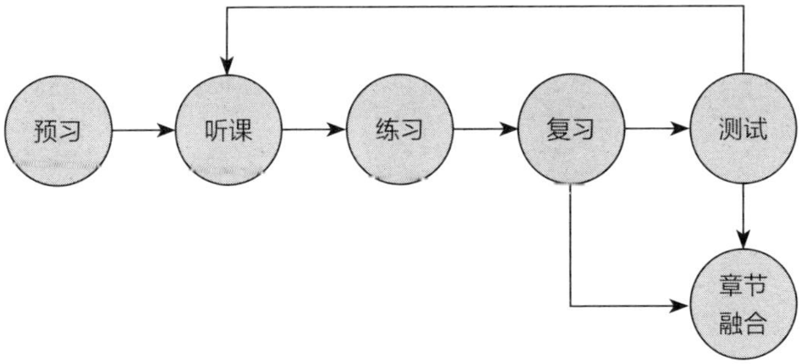

图 6-2 高效学习信息循环

第一点，“听课—练习—复习—测试—听课”构成了主环，而章节融合则是分支环；

第二点，在信息循环中，测试环节是核心环节；

第三点，在主环中，听课不局限于听老师讲课，更多的是泛指一种学习的过程，所以在某些时候，向同学提问、学习教辅书中的知识讲解也可以算作听课；

第四点，练习和复习环节可能会被省略，尤其是当信息循环进入到第二遍、第三遍以后。

在这几个要点中，第一点、第三点、第四点比较容易理解，现在我们来重点理解一下其中的第二点——为什么信息循环的核心环节是测试？

如果没有考试，世界会变得更好吗？

几乎所有学生都厌恶考试，这是学生的共性。而中学校园又是高压教育、高频考试的重灾区，大部分中学生被考试虐得愁云满面、叫苦连天。甚至有人改诗一首，“莫道不销魂，期末考砸，人比黄花瘦”；又有诗云“垂死病中惊坐起，月考分数入寒窗”。

总之，在很多学生心中，考试是诸多痛苦的来源。

那么，如果没有考试，世界会变得更好吗？

彻底禁绝考试是不可能的，毕竟还有中考和高考摆在那里，但大幅降低考试的频率是可能的。所以，问题变成了如果大幅降低考试的频率，世界会变得更好吗？

大部分学生只能幻想一下这种美好的世界，但小部分学生会有幸亲身经历一下。在我做教育研究时，曾于某位小学校长那里了解过这样一个案例：

> 由于诸多家长反馈小学生压力太大，不利于心理健康，呼吁教育局进行减负。区域教育局经研究后决定回应家长的要求，在所在的区域进行一次大规模的减负活动，主要方式为要求区域内所有小学不得进行除期末考试外的一切考试，且期末考试也不得进行校内排名，不得实施依据排名的奖惩措施。
>
> 这群小学生的梦想实现了，平时没有考试了，只用期末考一次——这样的考试频率已经非常低了，完全可以接受。结局是，一学期后的全市期末统考中，该区域的小学成绩集体下滑，甚至比一些教育落后的偏远区域分数更低。于是，这项减少考试的改革被紧急叫停。

这个案例很清晰地反映出一个问题——对于学生来说，如果考试太少了，世界不会变得更美好，反而学生自己会出现成绩下滑的问题。

为什么会这样呢？在这些平时不考试的学校里，学生们还是在正常学习啊！上课也正常，作业也没有少做，仅仅是降低了考试的频率而已，为什么成绩会大幅下滑呢？这个案例有代表性吗？会不会是个例？

其实这并不是个例。很多经历过初三、高三总复习的学生都有过这种感觉，在高频率的考试过程中，尽管刚开始感觉很痛苦、很烦躁，但一段时间后却发现，自己的成绩确实提高了。或者在期末之前的复习里，高频率的考试也让很多学生在短时间内提高了成绩。这样的例子很常见，与上面减少考试次数导致成绩下滑的案例形成一件事的正反两面，共同证明了考试频率对成绩有明显的影响，绝不是个例。

如果从信息循环的角度去思考，你就很容易理解这一现象了。

测试是信息循环的核心环节

考试或者说测试，是信息循环的核心环节。正是由于测试环节的存在，学习才能够从流程思维的一条链变成信息循环的一个环。

假设你在学习数学的函数章节，当你进行了预习、听课、练习、复习几个环节后，这个章节的知识你掌握了多少呢？是掌握了 100%，还是掌握了 80%？又或者只有 50%？

答案是你不知道。如果你不知道自己掌握了多少，也就不知道自己在哪里有知识点和题型的漏洞，进而不知道该怎么提高。即便你想努力学习，但是在不知道哪里出了问题的时候，你又该往哪里努力呢？

你需要进行一次甚至多次测试来告诉自己是哪里出了问题，你该往哪个方向努力。知道了努力的方向后，你就可以去努力学习了，进而弥补漏洞并提高成绩。

前文减少考试次数导致成绩下滑的案例，就是因为缺失了测试环节而造成了信息循环的断裂。那些小学生原来的学习路径是学新课、练习，然后进行单元测试。单元测试的结果会告诉老师和小学生，原来这里还有好几个知识点没有掌握，需要再学习。于是，老师针对这些知识点进行重点讲解，小学生进行重点学习。学完后，学校可能还会组织一次考试，检查这些重难点内容他们是否真正掌握了，反复循环，这样就解决了隐藏的知识漏洞。而取消考试则导致了上述循环的断裂，那些隐藏的知识漏洞被掩盖了，直到期末考试一次性集中暴露，最终表现为考试成绩的惨淡。

当经历了考试环节以后，你对这一章的掌握程度就大致明了了，也许你只掌握了 50%的内容。认真学习的你有了目标和方向，通过听老师讲、找同学问、自行查阅资料等方式把这些遗留的问题再学习了一遍，这就是开启了第二遍信息循环的听课环节。一段时间以后，你又迎来了一次针对该章节的考试——或许是下一次月考，又或许是期末前的模拟练习——这次考试的结果就可以作为对第二遍信息循环效果的检查。假设这次结果显示，该章节你掌握了 75%，那么你就可以去学习那些遗漏的内容。

随着循环的次数不断增多，你所掌握的知识点也越来越全面，直到接近 100%。可以说，一切学习都离不开信息循环，不断提升的成绩正是信息循环的结果，而测试则是让信息循环得以成立的核心环节。

对考试的新认知

现在，我们需要刷新对考试的认知了。

新认知一：并不需要讨厌考试，它对我们是有益的

在大部分学生的本能认知里，考试是讨厌的，是痛苦的源泉，成绩不理想的学生们尤其喜欢如此抱怨——你是否是其中一个？但深入分析后你会发现，其实让学生们感到痛苦的不是考试，而是考试后伴随而来的评价（和奖惩）。评价包括 4 个方面：

（1）家长的评价

绝大部分学生会看重父母对自己的评价，而对学生来说，这些评价往往与考试成绩相关。很多父母喜欢在孩子面前抱怨或对其进行训诫或者苦情表演——你看我为你付出了这么多，过得这么惨，你却考这点分数，对得起我吗？又或者常常提起隔壁家的孩子——你看看隔壁的谁谁谁，年级第一，你怎么考得这么差？对这些评价的厌恶导致了学生对考试的厌恶。

（2）老师的评价

有些老师会批评学生，这对学生的心理造成了一定压力。尤其是有些老师喜欢当众批评学生，或者当众点评学生（这里主要指成绩不佳的学生）的成绩，让学生感到难堪，也会让学生感到厌恶，进而厌恶考试。

（3）同学的评价

如果成绩不好被同学看到了，会比考差了本身更让人难过。如果隔壁桌坐着一名学霸，他拿着自己接近满分的试卷，又看到你的试卷上惨不忍睹的分数，轻飘飘一句"怎么错这么多"就能给你带来伤害。又或者他看见你的分数后，带着若有若无的轻蔑微笑瞟了你一眼，都能给你造成深深的心理阴影，足以让你厌恶考试。

（4）自我评价

自我评价往往是最重要的。费力学了那么久，却是不够优秀的成绩，不由得让人感到烦躁、沮丧，甚至怀疑自己的智商，进而怀疑人生。自己对自己的贬低，杀伤力常常大于来自父母、老师、同学的贬低。为了避免这可怕的自我贬低，学生不由得厌恶考试。

通过上面的分析你会发现，厌恶考试的理由看起来很多、很充分，但本质上都是对考试过后评价的厌恶，而非对考试本身的厌恶。实际上，考试本身对学习的促进效果是巨大的，如果任由学生对考试抱着厌恶的态度，势必会对学习产生负面影响。

要想降低这种负面影响，需要多方努力。总体来说，父母应当减少由考试成绩而引发的对孩子的批评，需更加关注孩子的学习动机、学习态度、学习方法和学校生活。老师则需要避免公开排名，并控制班级内的竞争性文化氛围。近些年来，很多学校取消了公开排名，学生的成绩和排名只发到学生自己手上，这是一项很好的改革措施。不过有很多学校依然公开排名，试图以此形成竞争机制，激发学生的学习动力。

竞争当然是需要的，但需要保持适度。总体来讲，在目前高压的中学教育氛围里，竞争压力是过大的。同时，如果老师适当引导班级内的竞争性文化，也能够有效避免学生之间的评价，以及由此造成的压力。

不过最重要的还是学生自己的心态。如果你能够意识到考试在信息循环中的重要地位，意识到它的作用和意义，那么你对它的负面看法就会大大减少。当然，做好自己、不要太在乎他人的评价、过程大于结果等常规心理建设也有意义，此处不做详细解释了。

新认知二：考试就是学习过程的一部分，而不是学完了再去考试

在我们的本能认知里，学习和考试是两码事——尽管高度相关，却是两件不同的事情。我们本能地觉得先有学习，学完了再去考试，考试是对学习的检测和评价，学习和考试是分开的。

现在我要告诉你，考试和学习不是分开的两件事，图 6–2 就说明了这个道理。想要学习好，一定离不开高效的信息循环，而信息循环由哪几个主要环节构成呢？那就是“听课—练习—复习—测试”四个主要环节。很明显，考试就是学习的一部分。当你考试的时候，就是在学习，而非学完之后再去考试。现在你应该意识到，考试和听课、做练习是一种性质，都是学习的一个步骤。

当你对这一点理解得越深，你就越不会在各种月考和期末考之前感到过分紧张了。你可以想想，你在听课的时候紧张吗？你在做作业的时候紧张吗？不会，因为你知道，它们只是学习中的一环而已。考试也是一样啊，也只是学习过程中的一个环节而已。如果你写作业的时候不感到紧张，那么考试时也没必要感到紧张。

如何提高信息循环的密度？

我们已经知道了，信息循环的次数越多、密度越高，我们掌握知识就会越全面。既然信息循环有如此威力，那么显然，我们应尽可能地增加信息循环的次数和密度才好。

先来看看，当我们在学校里学习时，平均多长时间会进行一次信息循环呢？由于考试很密集，你可能会觉得，信息循环的次数肯定很多——否则考试不是白考了吗？其实现实情况远不如你想的那样。

对大部分学生来说，信息循环的次数都太少了。

以数学为例，大部分学生的学习节奏是这样的：学习一个新的知识单元，花了 2~3 周，再进行一次单元测验。这是第一次循环。测验完以后，老师进行讲解，学生改错，这是第二次循环的听课部分。但大部分人不会进行针对性的练习和复习，也没有进行该单元的再次测验，所以第二次循环并没有完成。

接着学生会学习下一单元的知识，再次进行测验。请注意，这次测验的是第二单元的知识，不是上一单元的知识，所以上一单元的第二次循环并没有完成。同样，当第二单元的测验讲解和改错完毕后，第二单元也只进行了一次循环。

如此反复循环，直到期中考试，学生会完成之前学过的几个单元的第二次循环。但这个循环也往往不彻底，因为一张试卷未必能覆盖前面几个单元的所有知识点，未必能把你的漏洞都找出来。接着，直到期末考试，你终于迎来第三次不完整的循环，而且期中考试之后学的那些章节，依然只有两次循环。

你看，平均来讲，你学过的每一个数学知识单元，只经历过 2~3 次信息循环，其实并不多。

对于语文这样的学科就更惨了，因为大部分学校连语文的单元测验都没有，只能等到期中、期末考试，才能进行一次信息循环。历史、政治、地理、生物等学科也是类似情况。

对于初三和高三的学生来说，月考能够适当增加信息循环的次数，但帮助也很有限——一般只能增加一次而已。

总的来讲，我们的信息循环密度太低。经过计算之后你会发现，这不是我在危言耸听，而是事实。

但是为什么很多学生会感觉考试次数很多呢？这不是与信息循环次数少的结论矛盾吗？其实，你觉得考试太多了，主要是一种心理上的感觉（大约是考试给你带来的心理阴影太大了吧）。另外，虽然一科的考试次数少，但 6~9 科的考试加起来次数就不少了。6 科各考一次，一共是 6 次考试，但每科只产生了一次信息循环。

在初三和高三阶段，由于高频率的月考和模拟考，信息循环的次数会有所增加。但初一、初二、高一、高二的学生怎么办？总不能把所有问题留到初三、高三解决吧？那时间就太紧张了。我们需要在初三、高三到来之前，想办法主动增加信息循环的次数。

最直接的方法是多考试。学校里一个学期只有 2~3 次信息循环，满足不了我们想要提升成绩的需求，我们可以自行增加考试，不需要像学校期末考试那样正式，自行做模拟试卷也有同样的效果。

假期里的信息循环

现在我们来看另一个有意思的问题。

很多学生都有过这样的体验，在学校里学习时效率很高，但是在家里学习时效率就会变低，而且在家里待的时间越长，效率就越低。如果自己是晚自习后回家，睡觉之前的一两个小时学习，或者周末的一两天时间里学习，效率的降低尚不明显；如果是在漫长寒暑假的空闲学习时间，效率就更难保证……

最明显的原因是环境变化了。家里的生活气息太浓厚，诱惑太多，你一会儿看见手机想玩玩，一会儿跑去床上躺一躺，一会儿又翻本小说出来看，学习效率当然就低了。可是除此之外，还有没有其他原因呢？

有一部分细心且比较自律的学生会发现，即便在家里自己能做到高度自律，不玩游戏、不看小说，一整天都待在书桌前学习，一周之后依然会意识到，自己的学习效率并不高，似乎一整个假期的埋头苦学并没有真正学到什么东西。

这又是为什么呢？不是说高度自律、没有受到家庭环境的影响吗？

如果你从信息循环的角度去理解就很明白了。在学校里，老师的教学是有规划的，包含了讲课、练习、复习、测试等环节，框架完整，自发地形成了信息循环。即便频率没有那么高，但一个月里也会有 1~2 次循环。其中大部分环节都不需要学生参与规划，他们只需要跟随老师去执行就好了。

然而假期在家自学时，老师与学校的学习框架、学习节奏一起消失了，只剩下学生独自进行自主学习。在这么多年的时间里，学生一直处于跟随学习的位置，从没有进行过学习的框架构建，也不具备从宏观层面上审视学习的能力，他们甚至意识不到学习是存在一个宏观框架的。所以在假期里，大部分学生只能根据自己的本能来学习，具体方式主要就是做题、做题，反复做题。他们先做老师布置的作业，然后再自己找题做。

基本上，他们被卡在了练习这个单一环节，没有形成信息循环。

说到这里，我们不得不再次回顾一下第二章中所说的学习中心论。显然，多年来以学校为学习中心、学生彻底跟着学校走的方式，与学生缺乏宏观审视学习、构建基础学习框架的能力是高度相关的——你可以再次意识到，学习是一件多么复杂和有机的事情，由不同的学习策略交织在一起，相互影响。如果一名学生从小就开始培养自我学习中心的意识，等到了初中阶段，他基本就能形成对学习框架的稳定理解了，从而更容易进行策略上的架构，比如在假期自学时为自己构建一个信息循环。

反过来说，具体学习策略的学习也会促进自我学习中心意识的提高。从学校中心走入自我中心是一件让人很恐慌的事情，因为要离开他人的协助，进入陌生的领域。在最初进行学习中心的转换时，部分学生很可能会丢失学习节奏，陷入茫然无措的境地。如果没有外界的辅助，这个迷失期会很长，而几个月的迷失就能导致成绩的大幅下滑。出于对学习节奏迷失和成绩下滑的恐惧，很多学生、家长和老师会拒绝进行学习中心的切换。

这时候该怎么办？一方面，我们需要鼓起勇气，并拾起“驱耕夫之牛，夺饥人之食”的智慧，给予学生适当的试错空间；另一方面，学生需要一些外力的辅助。如果学生能够掌握一些诸如信息循环这样的宏观学习策略，以及本书的其他学习策略，他就不会那么恐慌，进而更容易做出有效尝试，最终完成自我学习中心的构建。

当然我们也可以用高强度用脑的原理来评估信息循环。如果学生心中有对学习的宏观认知，他会一边学习一边思考“我目前处于信息循环的哪一个环节？”“最近信息循环的频率是不是偏低了？”“什么时候该添加一次测试以提高效率？”等问题，显然他大脑中思考的问题变多，思维量增大，用脑强度提高了——信息循环同样符合高强度用脑的原理。

总之，学习中心论和高强度用脑是高效学习的核心原理，会体现在学习的方方面面，你能在多种学习策略中看到这两个原理的影子。

3

费曼技巧的两种形态

——更高密度的信息循环

在上一节中我们提到，信息循环的次数越多，相应知识就掌握得越全面。不过信息循环的核心环节在于测试，而学校教育体系里自带的测试并不能形成足够的信息循环次数，所以我们还需要寻找其他办法增加其次数，比如自行做模拟测试等。

除此之外还有没有更好的办法呢？

在本节中，我将向大家介绍一种叫作费曼技巧的方法。这个方法成名已久，你或许听过它，但可能没有从信息循环的角度去理解过它，并从中意识到它的深刻作用。

费曼技巧据传是诺贝尔物理学奖获得者理查德·费曼发明的方法，故以他的名字来命名。这个方法有两个版本，我们先来看原始版本。

费曼技巧的原始版本

当你学习时，你可以按照以下步骤进行操作（以下步骤经过我的改进，使之更适合中学生的学习）：

（1）学习某个知识点或者题型

这一步是正常的学习步骤，包括听课、做练习，以及阅读教辅书、向同学请教等，都算是学习。

（2）在大脑中模拟一个场景——你在向别人讲解、教授这个知识点或者题型

你像一名老师一样，以清晰的语言向别人（你想象的一个人）讲述这个知识点或者题型，务必讲解得清晰、系统、深刻。在讲解过程中，你可以边讲边写，所以可能需要提前准备纸和笔。

（3）如果遇到无法讲解清楚的地方，那就在相应位置进行标记

如果你讲解到一半卡住了，或者讲得不顺畅，或者干脆不知道怎么讲了，那就说明这个地方你并没有真正掌握。哪里卡住了，哪里就是你没掌握的地方——恭喜你，你找到了一个知识漏洞。

（4）循环步骤（1）~（3）

带着标记过的地方——你的知识漏洞——返回步骤（1），通过各种方式解决这个知识漏洞，并进行步骤（1）~（3）的循环。

如果讲解清楚了，那就说明问题解决了；如果依然讲解不清楚，那就继续进行循环。如果第一个卡住的点搞定了，但在后续的讲解中又出现了第二个卡住的点，说明在这个知识点中，你不只是一个细节出现了问题，那就继续循环（1）~（3）的步骤。直到所有问题得到解决，讲解过程从头到尾没有任何卡顿，循环结束，如图 6－3 所示。

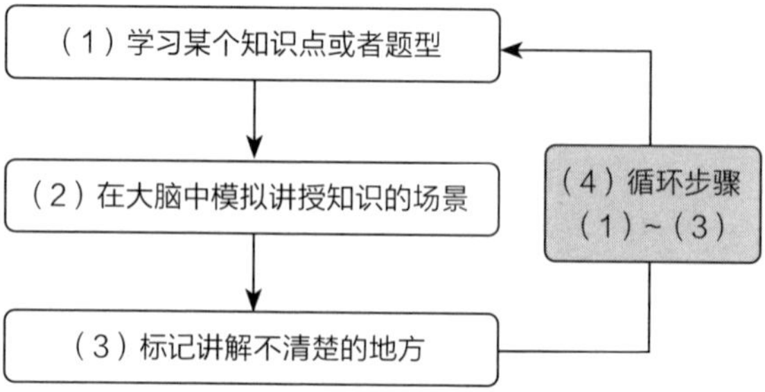

图 6-3　费曼技巧原始版本

现在，让我们把费曼技巧与上一节所提出的信息循环进行对比。

显然，费曼技巧就是一种基于信息循环的技巧，它能够强制找到你的知识漏洞，帮助你解决隐藏问题。与标准的信息循环相比，它省略了复习这一环节，部分省略了练习的环节。而它的最大特点就在于，通过“教授别人时是否卡住”这一特殊的指标来实现测试环节的功能。这种替代方式虽然不完美，但在大部分情况下是有效的。

那么费曼技巧作为信息循环的一个变种，与标准的信息循环相比，有什么独特的优势呢？

（1）使用非常灵活

作为一名勤奋好学的学生，如果你已经领悟到了信息循环的巨大意义，你应该会进入一个崭新的人生境界——经常眼巴巴地盼望着考试（注意隐藏这种欲望，以免被其他同学打）。但学校不会听从你的安排，不是你想有考试就能有考试的……当你自我评估需要进行一次信息循环，测试一下过去一周所学的内容还有多少漏洞时，你的老师可能会继续讲新课，直到两个月后的期末考试才有机会测试。

而费曼技巧完全可以自己进行。它甚至比自己做模拟试卷更加灵活，因为你需要的工具非常少——纸、笔和大脑。它需要的时间也很短，不必腾两个小时准备考试，某个小知识点使用一次费曼技巧也许三五分钟就搞定了。

（2）针对性强

学完一个知识点或者题型后，你可能会产生一种模糊的感觉：好像听懂了，好像掌握了，但也不是完全确定（产生这种感觉一般就是没有完全掌握）。那么自己究竟有没有完全掌握呢？如果没有，又是哪一步出了问题呢？

如果你使用费曼技巧，就可以立刻解决问题。如果你等待学校进行测试，不仅要等到几周甚至几个月后，还会担心，如果下次考试恰好没有考到这个掌握模糊的知识点呢？也许一直没有考查到这个漏洞，直到中考或者高考的时候才跳出来给你致命一击呢？

而费曼技巧会帮助你在问题出现的当下立刻进行解决，针对性比测试强。

（3）大幅提高信息循环的频率

这是费曼技巧最大的优点。与标准的信息循环相比，它非常灵活且方便，运作起来速度非常快，进而可以大幅提高信息循环的频率。试想，与几周才有一次的考试相比，使用费曼技巧的次数有限制吗？你完全可以在一天之内进行多次费曼技巧的循环。对比来看，在某个知识点上，你的循环频率从几周一次，变成一天内好几次，提高了 10 倍不止！

正是由于费曼技巧的巨大优势，它才能真正给大家带来学习效率上的提升。

费曼技巧的衍生版本

我们再来看费曼技巧的第二个版本，如图 6–4 所示，它的操作步骤如下：

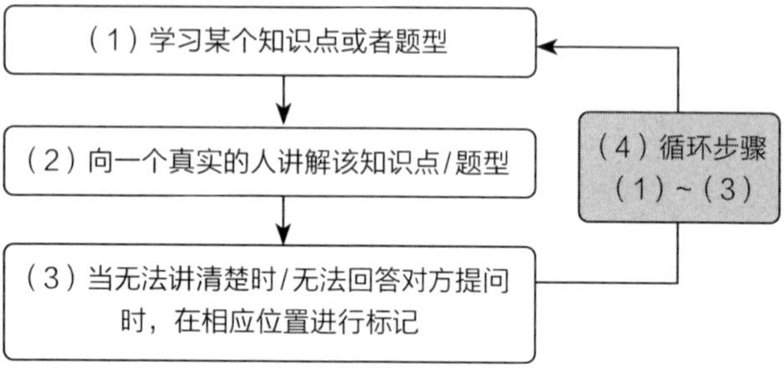

图 6–4　费曼技巧衍生版本

（1）学习某个知识点或者题型

这一步与原始版本一样，都是指正常的学习步骤，包括听课、做练习，以及阅读教辅资料、向同学请教等。

（2）找到一个真实存在的人，向他讲解这个知识点或者题型

对这个人进行讲解、教授，就像老师对学生讲课一样，以清晰的语言向他讲述这个知识点或者题型，务必讲解得系统、深刻。在讲解过程中，你可以边讲边写，所以可能需要提前准备纸和笔。

（3）如果遇到无法讲解清楚的地方，或者此人向你提出的问题你无法解答，那就在相应位置进行标记

如果你讲解到一半卡住了，那就说明这个地方你并没有真正掌握；如果此人向你提出一个合理的问题，你却解答不出来，那就说明你没有完全掌握。哪里卡住了或者回答不出来，哪里就是你没掌握的地方——恭喜你，你找到了一个知识漏洞。

（4）循环步骤（1）~（3）

进行步骤（1）~（3）的循环，这一步与图 6–3 一样。

费曼技巧的原始版本与衍生版本的区别主要在第 2 步和第 3 步。在图 6–4 中，我们不是在大脑中模拟一个讲课场景，而是找到一个真实的人，构造一个真实的讲课场景。由于这个重要区别，我们也可以把图 6–3 中的费曼技巧称为模拟版，而把图 6–4 的费曼技巧称为真人版。

这个真实出现的人给费曼技巧带来了变化，让它有了额外的优点和缺点。

优点在于，多了一个测试指标，稳定性更高了。在模拟版的费曼技巧中，要测试出自己哪里有知识漏洞，只能通过讲解出现卡顿这个指标来进行识别。如果你的自我觉知能力较弱，也许讲错了、卡顿了，自己却没有发现，从而蒙混过关，将问题遗留下来。

而在真人版的费曼技巧中，多了一个真实存在的人，他一方面可以有效指出你讲解过程中出现的错误，另一方面也可以向你提出各种问题——就像课堂上学生向老师提出问题一样。你有义务解答他的问题，如果他的问题是你之前没想过、解答不出来的，那就找到了你的知识漏洞。因此，真人版的费曼技巧挖掘你的知识漏洞的能力更强了。

不过它也有缺点。最明显的缺点在于限制条件变多，灵活性降低了。真人版费曼技巧的执行需要有个真实的人存在，而去哪儿找这个人呢？如果别人没有空儿或者没兴趣听你讲解知识点呢？如果你是一个人在家里学习呢？有时候找到的讲授对象不合适，即便找到了也没有用。在真人版的费曼技巧中，你必须找到一个和你水平相近或者水平比你高的人与你配合才行，这个限制条件让费曼技巧的进行变得复杂了。

假设一名叫作修远的学生给一名学习水平远低于他的同学讲题，这名同学无法提出任何有意义的问题，并且经常问修远一些他早就彻底掌握了的知识点，那么对修远来说，讲题的过程就没有起到促进学习的作用。

两种版本各有特点，大家可以根据条件和学习习惯进行尝试和选择。总体上我给的建议是，如果条件允许，可以先从真人版费曼技巧开始练习，然后逐步过渡到模拟版费曼技巧。如果条件不足，可以直接从模拟版费曼技巧开始练习。

本章结语

本章讲解了做事的两种逻辑，并重点推荐了构建信息循环的做事方法。在中学生的学习中，信息循环可谓是一切成绩提高的基础。为了提高学习效率，我们首先要保证信息循环的完整性，于是我们对于考试的认知会有重大改观。我们会意识到，它不是一件坏事，也不只是一个与学习脱离的额外考核，它是学习环节的一部分，甚至是促成信息循环的关键部分。

另外，由于信息循环对学习具有巨大促进作用，我们还需要主动提高信息循环的频率。除去多进行考试以外，还可以通过费曼技巧的两种形态来实现这一目标。

来一起思考这些问题吧：

- 你之前对考试的态度如何？你认为考试有意义吗？为什么？
- 在学习中，你平均间隔多久会有一次信息循环？不同学科有区别吗？
- 根据你的经验，你认为信息循环对你的学习有促进作用吗？
- 费曼技巧的哪种版本更适合你？你准备如何练习它？

第七章

记忆策略

——从记忆的原则到执行方法

记忆是学习的重要部分，也是令人头痛的部分，它看起来缺乏技巧性，大部分人只懂得死记硬背这一种方法，记忆效率似乎全凭天分。

其实记忆也有策略。为了提高记忆效率，你需要了解大脑的运作方式，并掌握记忆的基础原则与具体执行方法。

1

记忆的最强原则

——适用于一切记忆内容的超级策略

在某次学习策略的讲座现场，一名学生在会后找到我，向我抱怨自己的记忆力很一般——不算差，但也不太好——而高中的知识点太多，从语文的文言文到英语单词，从政治的各种原理到历史的事件原因与意义，内容繁杂，自己没法完全记下来。而他又感觉到，虽然同样是记忆，但不同学科所用的记忆方法应该也要有差别才对，可是他不懂得记忆策略，所有学科用的是同一种方法——死记硬背。

结果就是，他今天记了明天忘，明天记了后天忘。如果给他足够长的时间去记忆同一内容，那么他还是能够记下来的——就像学习任务较少的小学阶段一样。但问题是，高中所学的内容太多了，在有限的时间里，他就是记不下来。

由于他没有机会参加我的系统课程，我便用很简短的时间向他介绍了一种记忆策略。这种策略执行起来很简单，而且根本不需要区分学科，对任何记忆内容都通用。他大为吃惊，听完我的讲解之后，他回去试验了三个月，然后很兴奋地告诉我，他的记忆效率有了很大的提高，基本能够跟上高中的知识密度了。

现在你或许很感兴趣，到底什么样的记忆策略这么神奇，既简单又有效，而且还对所有学科通用？这样的一种超级策略，就是我要向大家介绍的记忆方法——提取策略。

什么是提取策略？

在中学学习中最需要的记忆类型是长时记忆，即你需要的不是把一个知识点记忆三秒钟，而是在三年后的中考、高考时还能够记得住，甚至终生记得住。当我们使用大脑的“记忆”功能时，实际上包含三个部分：第一部分，把信息输入大脑；第二部分，信息在大脑中稳固储存；第三部分，把信息从大脑中提取出来。

比如，在周一的早自习，你对一篇语文课文进行了二十分钟的反复朗读，这就是尝试把信息输入大脑。接着，大脑自动运作，产生细胞层面上的变化，将这篇课文存储在大脑中，这一步不需要人主观意识的参与。那么储存的效果如何呢？这篇课文究竟有没有被牢牢地刻入大脑中呢？你并不知道。你决定试着背一下这篇课文，看能不能背出来，这就是在进行信息提取，如图 7–1 所示。

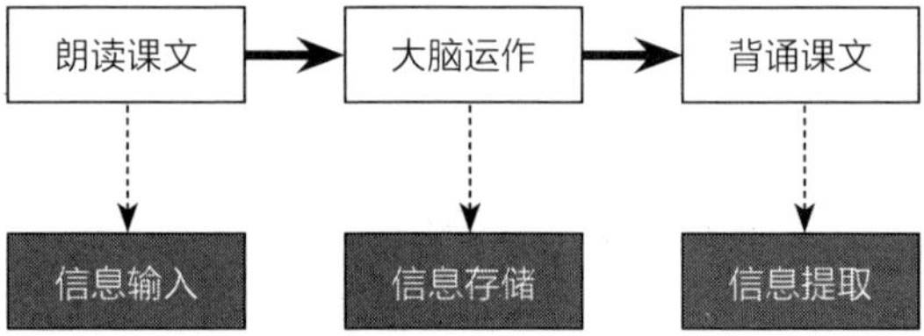

图 7–1　提取策略

我们会觉得，将信息稳固地存储在大脑里是我们的目的，而实现这一目的的主要手段就是反复进行信息输入，就好像饥饿的人反复往嘴里塞食物，最终一定能够吃饱一样。同时，我们认为提取信息只是一种检测，让我们确认一下信息的存储是否稳固，它并不是记忆的主要环节——想一想，你是否抱有这种认知？

但心理学家们经过反复试验得到了一个不同的结论。他们发现，如果我们只是反复地进行信息输入的话，大脑的记忆效果并不好；如果你花费更多的时间去尝试提取信息，把大脑中储存的信息进行输出，你的记忆效率反而会提高。这样的记忆方法就叫作提取策略。

因此，在记忆某篇语文课文时，你并不应该仅仅是反复朗读，而应该在朗读了几遍、大约读了个半熟的时候，就开始尝试着把它背诵出来，这样会记得更快。

提取策略的特点与障碍

在现实生活中，能在未经学习的情况下，自发领悟和使用提取策略的学生是非常少的，这与提取策略的特点有关。而提取策略的特点，恰好就构成了自发使用提取策略的障碍。

提取策略的第一个特点是累。

我们每个人都做过提取这个大脑动作，比如你背诵一篇古诗、默写英语单词或者在大脑中回忆区域地理的某些气候特性。但很少有人主动做这样的提取动作——在我们某个知识点还背得不太熟的情况下，就去强行逼迫自己把它背出来！我们可以把这样的提取称为陌生提取。

与之对应，如果你通过死记硬背的方法（比如将一篇文章重复朗读50遍或80遍，你就背下来了）把某个知识点记下来以后，再去进行信息提取，这可以称为熟悉提取。

回忆一下，在大部分情况下，你是否在做熟悉提取，而非陌生提取？

而根据上面对提取策略的介绍，我们做陌生提取才有意义；做熟悉提取，并不能显著提高你的记忆效率。

但陌生提取有一个特点——让人感觉比较累。当你强行去回忆或者默写比较陌生的内容时，你会明显感觉大脑很费力、很难受。你强行去回忆的内容越陌生，你回忆时所产生的费力感、难受感就会越强！如果你很少经历这种难受的感觉，对它不熟悉，那么当这种难受感持续出现时，还容易让你产生烦躁甚至愤怒的情绪。

早自习时你在读一篇文言文，刚刚朗读了 3 遍，还远没有背下来，只不过对文章的内容有了一定印象。这时候，如果强行让你去尝试背诵这篇文章，你会是什么感觉呢？你会感觉很累。你可能背出来了第一段的前两行，但是背到第三行的时候就卡住了。你能不能把第三行想出来呢？或许想不出来了，又或许你再努力一下，很用力地强行回忆一下，又能想出来了。于是，你逼迫自己去回忆那个卡住的地方，持续地逼迫自己，用不了多久——对一般人来说，大概是一二十秒——你就会明显感觉到大脑很累，甚至心情有点烦躁。

如果你之前没有这种经历，你现在就可以进行尝试，体验一下这种感觉。比如，你先把上面一段两百多字的内容读两遍，然后立刻合上书，尝试一字不差地背出来，遇到不行的地方也不要立刻放弃回忆，硬逼着自己去想一会儿。怎么样？你的大脑是不是立刻感受到那种疲惫的感觉了？

如果我们只是单纯重复朗读一篇文章，你的大脑不会感觉累，顶多是嘴唇和腮帮子累。同时，由于人类对于大脑的锻炼是很容易忽视的，很少让大脑经历过疲惫的感觉，因此我们会很不适应，比肌肉的累要难受十倍、百倍，所以我们会有强烈的本能去回避这种事情。但是提取策略告诉你，不要逃避，你要迎难而上，要去克服这种累和难受的感觉，因为这样能够提高你的记忆效率！

说到这里，我们可以回顾一下第三章的内容，回顾一下其中高强度用脑的原理。我们已经反复提过，这个原理几乎是可以指导一切学习策略的核心原理，堪称学习的哲学，而提取策略，显然与高强度用脑的原理异常相符！或许正是因为提取策略能够如此贴近指导一切学习策略的核心原理，才能够通用于一切学科知识点的记忆吧。

提取策略的第二个特点是容易让人产生沮丧感。

当你背东西背得不熟的时候，你很清楚，此时想要强行背诵出来，是肯定要失败的。既然是一件明知道要失败的事情，我们自然就不愿意去做。即便尝试着去做，当我们卡住了，背不出来时，一股挫败感、沮丧感会油然而生，我们就会立刻停止提取的动作（往往在一两秒之后我们就做出了停止的决定），心想，果然还没有背出来，还是从头开始再读几遍吧！

而提取策略则要求我们，要克服这种挫败感和沮丧感，要强忍住继续背下去。即便真的背不出来，也不能在一两秒内就放弃，要抵得住沮丧感和疲惫感，坚持强行回忆至少十几、二十秒再放弃。如前文所述，正是那种疲惫感能够帮助你提高记忆效率。

这里最重要的是转换一种意识：并不是背熟了以后再进行测试，也不是通过背诵向别人或者自己证明已经背会了，而是尝试背诵这个步骤本身就是记忆的一部分，能够显著提高记忆的效率。

提取策略的使用方式与使用技巧

理解了提取策略的基本含义以后，我们再来看看这种策略具体应该如何使用。

第一种使用方式是在初次背诵时使用。

第一步，先读几遍需要背诵的材料，形成一定的熟悉感。不需要读太熟，因为读太熟意味着重复很多遍，意味着花费了很多时间，进而意味着效率并不高。

第二步，遮盖住材料，进行大脑提取。遮住材料后，尝试将不熟的内容背出来，遇到背不出来的地方，不要立刻去翻看材料，而是强行回忆一段时间。具体的时长没有硬性规定，大致以大脑切实产生了费力、疲惫的感觉为标准。如果硬要说时间的话，平均来讲一二十秒，但不同个体间的差异比较大。

第三步，在背不出来的地方翻看材料，然后继续进行大脑提取，直到将材料背诵完。如果材料很长，可以分成几个小块分别提取；如果材料较短，比如一首短诗、几个单词等，则一次性提取完。

以上便是你初次接触背诵材料时可以采用的步骤。

第二种使用方式是在复习记忆时使用。

我们在大致记忆完材料以后，还需要对材料进行复习，而复习也可以通过大脑提取来提高效率。传统的复习方式依然是浏览和朗读，比如期末考试之前，你朗读英语课文、翻看单词表等，这样的复习方式是很低效的，而使用提取策略则能显著提高复习的效率。

在复习时，不要直接翻开课本或笔记进行朗读，而是先逼迫自己回忆一下，课本上有哪些内容、讲了哪些要点。如果能够完全回忆起来，那么这一部分就是你熟练掌握的内容，不需要再花大力气去复习了。如果你回忆到某个地方卡住了，同样，不要立刻结束回忆，忍一会儿，让大脑迎接那种费力的感觉，然后去翻阅课本。

提取策略的另一个好处决定了它还有更巧妙的使用方式。如果你的复习方式是反复朗读和阅读课本，那么你只能在教室里进行记忆，受到工具条件的限制。如果你采用提取策略进行复习记忆，可以不受任何工具、场地的限制。因为你只需要用到大脑就可以进行复习，所以你的复习时间就有极大的灵活性，复习可以随时进行。比如，你从寝室走到教学楼要花 5 分钟，那么你可以边走路边回忆昨天晚上背的英语单词；食堂打饭时需要排队 3 分钟，那你又可以使用这 3 分钟在脑海中提取前天背的一首古诗；周五放假回家时坐在公交车上可能有 30 分钟之久，你很难在颠簸的公交车上看书，但你依然可以使用提取策略把本周的生物课知识点回忆一遍。

通过提取策略的应用，无数原本无法使用的碎片化时间被调动起来，成为新的高效学习时间。

应用提取策略的注意事项

在使用提取策略时，最重要的注意事项就是要高度觉知自己的精力状态。提取策略可以理解为强制你进入高强度用脑的状态，而高强度用脑意味着高能量消耗。如果你的精力已经很差了，还要强制消耗能量，就如同没油的机器在空转，不仅没有功效，而且会损伤机器本身。

提取策略的威力是很大的，如果你决定频繁使用该策略，那么你就必须保证自己的睡眠、饮食和日常锻炼，以保证精神饱满、精力充沛。其实所有高效的学习策略都会有这些要求，因为所有高效学习策略都需要高强度用脑。只不过提取策略的用脑强度比一般学习策略更高，所以在精力上尤其需要注意。

同样，你需要好好阅读本书的最后一章。

另一个注意事项是千万不要被提取时大脑感受到的疲劳和难受吓退了。这种疲劳和难受在初期会很强烈，如果你很少进入高强度学习的状态，这样的感受可能会让你退却。但只要你克服了初期的痛苦，坚持下去，这种感觉就会慢慢变弱，你并不会一直持续痛苦下去。而那些已经习惯了高强度用脑的学霸，甚至可能会基本感受不到提取策略所带来的痛苦。

它就像锻炼身体的肌肉一样，如果一名从来不运动的宅男突然开始练习 3 000 米长跑，最初的几天时间里，他会感受到剧烈的肌肉酸痛和呼吸不畅。但只要他坚持下去，那种痛楚就会逐步减弱。如果他能够进阶到职业长跑运动员的水平，3 000 米长跑对他来说就几乎毫不费力了。

2

分散记忆

——轻松提高记忆效率的小窍门

一名初三毕业生参加我的学习策略夏令营，其间她告诉我自己十分勤奋好学与深谋远虑。她说自己知道高中的数学和物理等学科要比初中难很多，势必要花费大量时间。为了给数学等高难度学科腾出学习时间，她决定在初升高的那个暑假突击学习英语，将高中的单词全部背会，这样在高中就不用花多少时间学英语了，从而实现曲线救国，获取更多时间用于高中的数学学习。

她决定花一个月的时间完成这项壮举。根据她的测算，高中与初中相比大约新增了 3 000 个单词，若想一个月解决这 3 000 个单词，则需要平均每天背完 100 个单词。如果她每天花费 8 小时背诵单词——已经比初三时的学习时间短了很多，所以应该不难——那么每小时只需要背诵 12.5 个单词就行了。而根据她初中时的经验，一个单元有 20 多个单词，她只需要 30~40 分钟就能背完了，所以每小时背诵 12.5 个单词是毫无压力的。

于是，她买来高中的全套英语课本，翻到最后的单词表，从A字母开头的单词背起。第一天，她成功背完了100个单词。

我静静地听她眉飞色舞地讲述自己的宏伟计划，直到她停顿休息时我才插了一句话："按你这种背法，第二天能记得20个单词就不错了。"

她嘿嘿一笑说："大概还记得十几个……"

但她疑惑地问道："你怎么知道我会忘掉一大半的？"

各位读者朋友，你们知道她为什么会忘掉一大半吗？

这里涉及记忆的另一个原则——分散记忆。

什么是分散记忆

我们在记忆知识时，有两种时间安排方法。第一种方法是集中记忆，比如星期天早上花2小时把本单元的所有英语单词背一遍；第二种方法是分散记忆，比如，周五晚上、周六早上、周六下午、周日早上各背30分钟的英语单词，累计2小时。

经实验发现，分散记忆的效果显著好于集中记忆。

如果我们要深究分散记忆效果更好的原因，就需要引入两个新的名词——前摄抑制和后摄抑制。前摄抑制，是指你之前所记忆的内容会影响你后来所记忆的内容，让它更容易被忘记。比如，你从9点钟开始背一首古诗——元稹的《闻乐天授江州司马》：

> 残灯无焰影幢幢，此夕闻君谪九江。
>
> 垂死病中惊坐起，暗风吹雨入寒窗。

这么背诵原本没什么问题，但如果你在8：50背过杜牧的《过华清宫》：

长安回望绣成堆，山顶千门次第开。

一骑红尘妃子笑，无人知是荔枝来。

那么你在尝试背诵《闻乐天授江州司马》时，就有可能背成“垂死病中惊坐起，无人知是荔枝来”，因为之前背诵的《过华清宫》影响了之后背的《闻乐天授江州司马》，这就叫作前摄抑制。

相应的，后摄抑制则是指后面记忆的内容会影响前面记忆的内容。假设你的创新诗句“垂死病中惊坐起，无人知是荔枝来”遭到了同学的耻笑，在9：15的时候，你决定抛开语文课本，记一记英语单词和词组。你要记忆“get in the car”，经过多次重复，你终于记住了。9：20时，你的同桌突然对你说：“你知不知道，表示到一个东西里面时，要用get inside？”他还给你看了一个例句：“……he finally got inside that house.”意味他终于进入房子里了。等到9：25的时候，你可能会产生疑惑：我刚才背的是“get in the car”还是“get inside the car”？因为从同学那里学到的内容，影响了你之前学习的内容，这就是后摄抑制。

由于前摄抑制和后摄抑制的干扰，你在记忆时就会出现一个典型特征：开头那部分记得比较清楚，因为没有前摄抑制；结尾那部分记得也比较清楚，因为没有后摄抑制；中间的一大段记得比较模糊，因为既有前摄抑制又有后摄抑制。

即我们的记忆过程包括首尾两个高效小段，以及中间的一大片低效长段。

因此，你连续记忆的时间越久，中间的那一段低效时间就越长，平均的记忆效率就越低。反过来说，如果你把学习分成几段，那么每一段就有了各自的高效开头段和高效结尾段，并且中间的低效记忆段更短，如图 7–2 和图 7–3 所示。

图 7-2　连续——两个高效记忆段

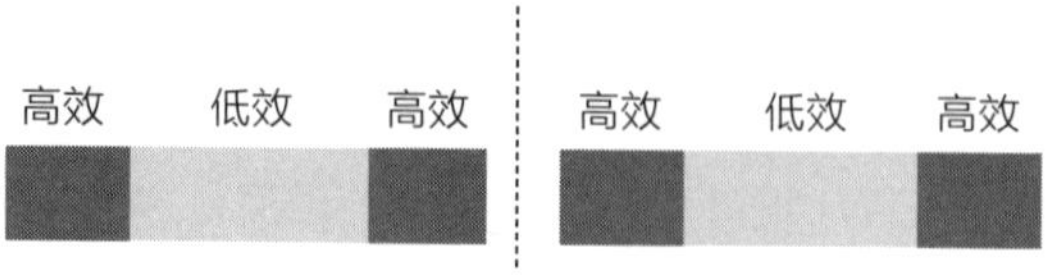

图 7-3　分散——四个高效记忆段

因此，分散记忆的效果比集中记忆要好。

分散的程度

根据分散记忆的原则，连续背诵两三个小时效果可能不够好，那一次性记忆多长时间合适呢？是 1 小时，还是 30 分钟？又或者是 10 分钟、5 分钟？或者能不能疯狂地把时间分割成十几秒一段的极小片段来提高记忆效率？

即分散记忆要多分散效果才好？

显然并不是越分散越好。取极端情况来看，如果你把 1 小时切成 3 600 段，每段 1 秒钟，即你每次只学习 1 秒就停下来休息，那显然是无意义的——什么都没学就休息了。另外根据常识，记忆不同的内容所需要的分散程度也应该是不一样的。比如，某些勤奋的学生在从寝室走到教学楼的路上还会准备英语单词卡，一边走路一边背单词，利用这一两分钟的碎片时间进行记忆。但如果要记忆世界历史的宏观框架和文明发展主线，显然就不能在这么短的时间内进行了，最好是坐在书桌前安安静静地记忆。

关于分散记忆具体要多分散，我告诉大家一个总体的原则：

分散程度要看你所记忆的内容的特性，越是零散的、无逻辑的内容，就可以越分散地记忆。

在极端情况下，如记忆一个英语单词“abandon”（放弃），它很零散，也没有逻辑，你可以分散成十几秒钟的小段去记忆；如果是记忆几个词组，比如“get in/get on/get out/get off”的用法和区别，内容多了一点，内容之间也有一点逻辑了，那么十几秒就不行了，可能需要一两分钟的小段去分散记忆；如果你是记忆一个英语语法，比如主语从句的用法，内容更多，逻辑性更强了，可能就需要延长到10分钟的时间段去分散记忆；如果是记忆世界历史的宏观框架和文明发展主线，材料更复杂了，需要理解的逻辑内容更多了，那么可能就要30分钟的较长时间段去分散记忆。

现在我们来一起看看本节开头的案例。为什么那名女生的记忆效率特别低呢？因为她严重违反了分散记忆的原理，长时间连续背诵英语单词，有强烈的前摄抑制和后摄抑制。所以我最后给她的建议是取消这个宏伟的每天8小时英语单词背诵计划，综合运用夏令营中学到的多种学习策略（包括分散记忆和其他策略），以更高效的方法去学习英语。

3

艾宾浩斯记忆曲线真的有用吗？

——巧用记忆曲线的方法

不论你有没有深入研究过学习策略，你都可能听说过“艾宾浩斯记忆曲线”，因为它的名气实在太大了。

艾宾浩斯记忆曲线，又称为艾宾浩斯遗忘曲线，又被戏称为艾宾浩斯绝望曲线，因为你第一次看到这个曲线的时候，往往会产生绝望的感觉。

你会看到，人类的记忆力实在非常差劲，遗忘速度极快，第一天学的内容，到第二天就只记得 33.7%，即大约 2/3 的内容会被人类遗忘，不由得升起绝望之情——这就是绝望曲线名称的由来，如图 7–4 所示。

那该怎么办呢？艾宾浩斯告诉我们，要尽早进行复习。记忆曲线的第一特性为它是一条先快速下坠、后逐渐平缓的曲线。这个特性通过观察记忆曲线的图像就可以知道，不过它对我们有什么意义呢？

根据第一特性，我们学完知识以后应当尽早复习。如果我们等到几天甚至几个星期以后才复习，此时我们已经将相应的知识点忘得差不

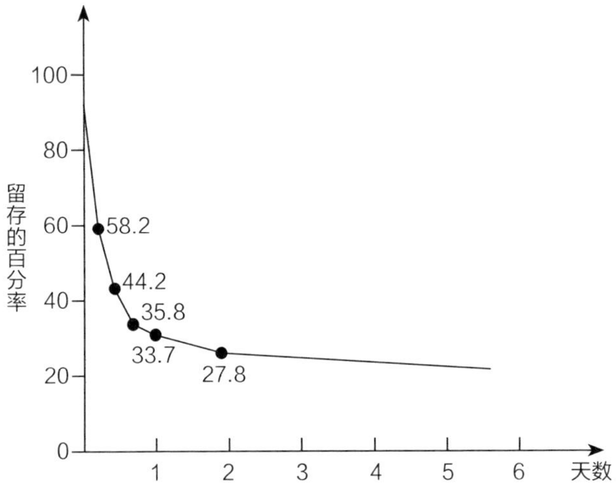

图 7-4　艾宾浩斯记忆曲线

数据来源：朱云. 记忆中的遗忘曲线［J］大众心理学，2011（2）：40–41

多了，复习时几乎就不叫复习了，而是重新学习一遍了，这样效率自然会更低。比如，很多学生的习惯是这样的：上了一周英语课，课上讲完的新单词都没有复习过，而是留到周末回去集中复习；生物、地理、政治、历史这些学科由于没有语文、数学、英语分值那么大，而且平时单元测试也少，所以学的知识点平时从不复习，基本上要堆到期中、期末之前才会复习——已经隔了几个星期甚至几个月了。

实际间隔了两天以后，你所遗忘的内容就已经相当多了，几乎需要重新学一次。你以为周二学的课程留到周末复习没有问题，殊不知效率已经降低了很多，更不要提那些间隔几个月的复习了。

尽早复习的话，大部分内容的留存率还比较高，复习起来也更轻松，耗时更短，效率自然提高。

这里又要提到第五章中的复习策略。很显然，复习策略与艾宾浩斯记忆曲线是高度相关的。根据记忆曲线，对于英语单词、语文的古诗词以及政治、历史、地理、生物中的琐碎知识点，最好的复习方式是平时多复习，而不是积攒到期中、期末再集中复习。

我们再来看记忆曲线的第二特性，每复习一次，再次遗忘的速度会比前一次慢一点。

尽管那条抖然下坠的曲线让我们内心很绝望，但好消息是它不会永远都那么陡峭地坠落下去——否则我们岂不是永远记不住任何东西了？每当我们复习过一次，再次遗忘的速度就会变慢，记忆曲线会变得更平缓。当我们多次复习以后，记忆就逐渐稳固下来。

这一特性告诉我们，要尽早复习所学过的内容。忘记知识就像在亏钱一样，未复习时，你在飞速地亏钱；复习过后，你亏钱的速度减慢。这样去理解，你有没有感觉想要尽早复习的动机突然变得很强烈？自己好像忽然就领悟了什么叫作时间就是金钱。如图 7–5 所示：

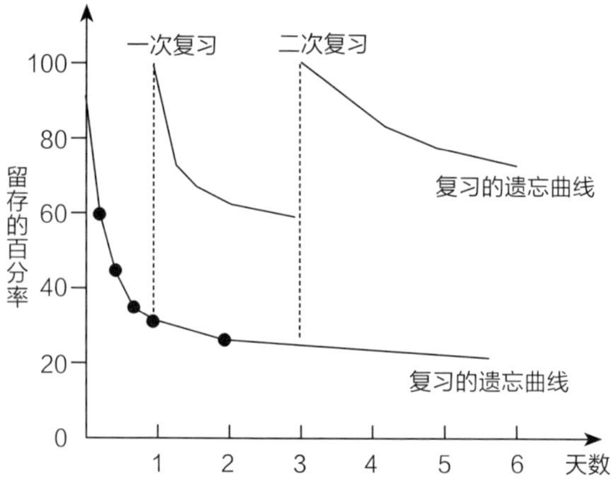

图 7–5　不同复习次数与内容留存的关系

数据来源：赫尔曼·艾宾浩斯．记忆[M]．曹日昌，译．北京：北京大学出版社，2014：第 8 章第 31 节由此也引出几个新的问题：什么时候开始第一次复习呢？一共要复习几次呢？

在网络上能够找到一张所谓的艾宾浩斯记忆复习节奏表格，声称给出了最完美的复习时间安排，如表 7–1 所示：

表 7–1　艾宾浩斯记忆复习节奏

复习次数	第 1 次	第 2 次	第 3 次	第 4 次	第 5 次	第 6 次	第 7 次	第 8 次
复习间隔时间	5 分钟	30 分钟	12 小时	1 天	2 天	4 天	7 天	15 天

这种时间安排有道理吗？我们应该按照这个所谓的完美复习时间来进行复习吗？

显然没必要。

因为这种固定的安排太死板了，既没什么理论依据，也不方便操作。英语课上讲的是单词，30 分钟后是数学课，难道要数学课上到一半突然去复习一下英语单词？ 40 分钟后进行复习就比 30 分钟后进行复习效果差了很多吗？显然不会。有些简单的内容复习 2 次就彻底记住了，还有必要复习 8 次吗？又有些特别复杂的内容可能要复习十几次，8 次显然不够。

记忆曲线给我们的只是一个大致方向上的指导，执行的时候不需要纠结于这些数字上的细节。学完知识以后，有空的话就尽早复习。根据学生的学习节奏，对于中等难度的内容，一般当天复习一次，第二天复习一次，一周内再复习一次，然后期中、期末各复习一次，这种频率就差不多了。如果内容比较难记，那就适当地增加两次复习，最好加在前两周内，因为早期的复习比后期的复习效率更高。

艾宾浩斯记忆曲线的第三特性是不同性质的内容，遗忘速度不一样。

不论怎么安慰自己，图 7–4 中最开始那段时间的飞速遗忘总会让人觉得很沮丧。但也不要慌张，如果你细看艾宾浩斯的研究就会发现，他是用无意义的随机音节来做实验的，如 tkppl、mqcrp 这种字母组合。但我们平时学习和记忆的内容都是有意义的，比如正常单词、诗词、政治原理、物理运动定律、数学公式等。艾宾浩斯本人和后续研究者又发现，不同性质的信息，遗忘速度是不一样的，如图 7–6 所示。

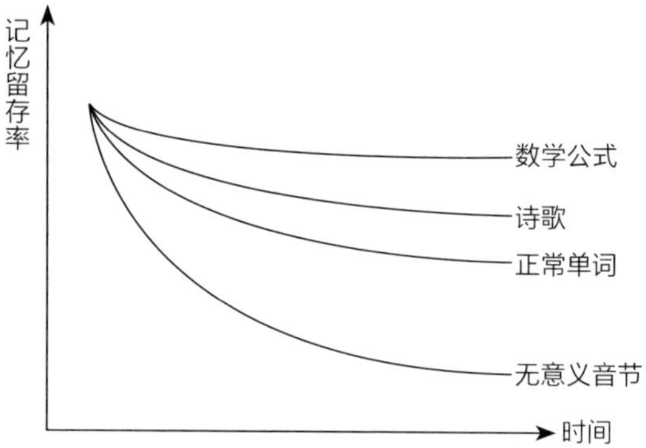

图 7–6　不同信息的遗忘速度

资料来源：赫尔曼·艾宾浩斯. 记忆[M]. 曹日昌，译. 北京：北京大学出版社，2014：第 5 章第 21 节

记忆正常单词，你的遗忘速度就比记忆无意义音节慢；记忆诗歌等内容，遗忘速度就比英语单词更慢；而记忆数学公式，忘得就更慢了。

这个研究结果与我们的日常生活经验是否相符合呢？应该是的。比如，我们可能没记过无意义音节，但肯定记过一种类似的东西——无意义数字，如手机号。你是不是觉得手机号特别难记，特别容易忘？你找别人要手机号时，别人报完 11 位数的手机号以后你得赶紧存下来，否则十几秒以后就记不住了。而记忆正常单词就比记忆手机号容易些，比如，你可能10分钟能记住20个新单词，但记20个陌生手机号估计就不行。

背诵语文的古诗词又更加容易一点。根据经验，我们会经常忘记某个单词是什么意思、怎么拼写，但较少忘记某首诗词怎么背。而数学公式的遗忘速度就更慢了，大部分人学数学的困难是不会做难题，而不是记不住公式。

你发现其中的规律了吗？

规律就是，越有意义、有逻辑性的内容，我们忘得就越慢，从而更容易记下来。

这个规律理解起来不难，更关键的是它有什么用呢？它能如何指导我们学习呢？让我们来看几个例子。

第一个例子：一名中学生在思考如何安排背单词时间，是应该在英语课文学完之后再去背单词呢，还是应该在学英语课文之前就背诵？有些特别积极勤奋的中学生会选择提前背单词，因为这样既容易得到老师的表扬，又容易形成自我满足感、成就感。

自我满足感与成就感未必不好，不过根据记忆曲线的规律，意义性越强的内容越容易记、忘得越慢。如果在学英语课文之前就背诵单词，脱离了语境，你也不知道单词具体该怎么用，那么单词就更接近于一个无意义音节，逻辑性降低了，你的记忆效率就会跟着降低。反之，如果在学完英语课文后再去背，单词的意义属性上升，你的效率就会提高。

第二个例子：老师讲完了一道数学题，你看了几分钟后意识到这道题难度很高，哪怕对着解题步骤都很难理解。你如果要理解透彻，可能要多花费30分钟，十分费力地思考才行；而你如果不去理解，仅仅是把解题步骤硬背下来，只需要5分钟就行了。你该如何选择呢？

部分同学会选择直接背解题步骤。一方面是这与高强度用脑的原理有关，不适应高强度用脑的人会本能地回避费力思考的痛苦；另一方面也是因为有些同学认为直接背下来解题步骤更快，学习效率更高。

但根据记忆曲线的第三特性，如果你理解了内容再去记忆，遗忘时间就会如图 7–6 中最上面那条平缓的曲线，因为理解过的数学题目显然是有强烈意义、强烈逻辑性的；如果你直接硬背下来，那这道题目就成了几乎无意义、逻辑性弱的知识了，遗忘时间就会如图 7–6 中最下面那条如同跳楼一般的绝望曲线。所以，背下解题步骤表面上只花了 5 分钟，看似效率很高，但由于忘得很快，其实效率是非常低了。

总的来说，能理解的内容一定要先理解再记忆，这样效率更高。

第三个例子：今天上完了一节数学课和一节英语课，晚自习时，你完成了各学科的作业，确认课上讲解的内容你已经听懂了，不过还没来得及背下来，都还需要复习。由于时间紧张，如果你背英语单词，就没时间复习数学题；如果复习了数学题，就没时间背英语单词。所以你只能在今晚的剩余时间里复习其中一项，再在明天早上复习另一项。那么，你该先复习英语还是先复习数学呢？

大部分人的选择是先复习数学。因为数学这门学科太难、太可怕了，很多学生都被它吓出心理阴影了，生怕少学了一点，分数就会掉下去。数学确实很重要，如果有尚未理解的内容确实应该优先解决，以免影响后续课程的逻辑连贯性。但本案例中的条件是你已经理解了当天的课程内容，只是还没有记下来而已。在这种时候，根据记忆曲线第三特性，你应该先复习英语，第二天再复习数学。因为数学属于逻辑性强的内容，遗忘速度是很慢的，即便放到第二天复习也忘不了多少；而英语是逻辑性较弱的内容，遗忘速度非常快，等到第二天复习的话，你已经忘了大半了。所以，为了提高整体的效率，你应该优先复习英语。

总之，根据艾宾浩斯记忆曲线的三个特性，我们可以灵活安排自己的记忆内容，提高记忆效率。

本章结语

记忆不是死记硬背，而是有原理、有方法的。记忆的方法不仅是某些特定的技巧，比如常见的歌诀法、编故事法等，更是一系列经过科学验证的原则，而符合这些原则的记忆方式，会比死记硬背更高效。

一起来思考以下问题吧：

- 你平时是怎样记忆知识的？符合哪些原则，违反了哪些原则？
- 在不同学科的记忆中，你使用的方法是一样的吗？现在你认为该如何记忆不同学科？
- 在学完知识后，你一般多久会进行第一次复习？

第八章

时间策略

——如何调配时间，能取得效率的最优解？

当学习越来越忙碌，学习时间的安排也就越来越重要。你可能想不到，调整一下学习的时间顺序就能够提高学习效率；你也未尝意识到，已有大量前人的经验告诉你，中学的每个时间阶段适合干什么，不需要自己从零开始摸索。

1

脉冲策略的奇效

——如何使用时间，能够突破学习的瓶颈？

中学生的瓶颈

努力学习的中学生，如果不是天才，普遍在学习一段时间以后会遇到瓶颈。

瓶颈，是指你认真听课、做笔记、大量刷题，还整理错题本等，总之用尽了一切方法却无法提高成绩。

在一般情况下，我们会先获得努力的红利，即努力以后迅速收到回报，成绩显著提高。在这期间，我们会信心满满，对学习充满兴趣，甚至感觉整个人都充满正能量。紧接着，瓶颈到来，不管你怎么努力，成绩也不见提高了，之前的方法全部失效。你就像高飞的鸟儿撞上天花板，脑袋上被重重一击，生疼，一边疼一边迷茫，为什么世界变了？

如果这个瓶颈长时间得不到突破，中学生的情绪就会逐渐变得低落或者烦躁，先是怀疑自己的短期状态，继而怀疑自己的学习方法，接着怀疑自己的智商，最后怀疑人生的意义。

我的中学阶段就在瓶颈期有过丰富的经历。初中时，我非常轻松地突破了自己的瓶颈，短时间内就从班级 10 名左右一路冲刺到年级第一。高中时期则全然相反，我对突破瓶颈束手无策。高一结束之前，我已经从年级 300 名进步到年级 10 名以内，距离清华、北大的分数线只有 10 分左右的差距。此后两年多，无论我怎么努力，也弥补不了这 10 分左右的差距，直到高考还是距离清华、北大分数线差了十几分。两年的努力毫无进步，直接导致了我在高三的后期进入“哲学家”状态，每天都在一片迷茫的情绪里思考世界、思考人生。

与我经历类似的中学生有很多。我接触过大量学生，以高中生为例，在成绩爬坡的路上，一本线附近是第一个瓶颈，基础较弱、学校较差的高中生容易卡在这里。“211”线是第二个瓶颈，重点高中普通班的普通高中生容易被卡住。他们基础不错，学校的师资力量也相对较强，考上一本院校问题不大，但考上“211”学校就没那么容易了。如果基本不懂得学习策略，也不懂得调整自身的学习状态，“211”线就不那么容易突破。“985”线是第三个瓶颈。重点高中普通班的中上等高中生容易卡在这里。他们的基础比较扎实，任课老师里至少有一两位省级名师，也有自己的优势学科，但总体分数离“985”线总是差一点。这个阶段的高中生，基本上不存在不努力的情况了，他们的学习时间大多已经被排满了，做题做到夜里 12 点以后的现象很常见，再努力也不知道该往哪里努力了。他们可能有一定的学习心得，总体学习状态也还不错，但越是高分段的瓶颈越难跨过。在这个阶段，如果你不懂得系统的学习策略、精细的状态调节，“985”线是非常难跨越的。

每个瓶颈各自卡掉一波人，这就是高中生进阶的路线图。

每一个瓶颈性质不同，每个高中生特性也不同，所以不存在某种学习方法能够让所有人都确定性地突破每一个瓶颈。但有一种方法，却是对大部分学生、大部分瓶颈的突破有帮助的。它叫作脉冲策略。

脉冲策略

脉冲策略是一种时间使用方法，它指的是我们不要把每天的学习时间均匀地分给每一个学科，而是要在一段时间内集中时间、集中精力冲击某一个学科或者某个学科的某些章节、板块，争取短期内取得突破。

为什么脉冲策略是一种有用的方法?

你要记住，对于力量有限的人来说，均匀发力，基本等于没有发力。你可以用战争学来理解上述原理。假设你和敌将分别带领 5 000 精兵对战。敌将把 5 000 精兵分成 5 队，每队 1 000 人；你把 5 000 精兵分成 10 队，每队 500 人。然后，你派 500 人去和敌方的 1 000 人对战，由于人数的劣势，可能敌方阵亡了 100 人，你方阵亡了 400 人，结果大败。

这就是发力分散，造成每股力量都没什么大的作用。

但如果你把 5 000 精兵分成 2 队，每队 2 500 人，然后用一队 2 500 人去攻击敌方的 1 000 人，你就有优势了。可能结果就成了，最终你损失 200 人，对方损失 800 人，结果大胜。

集中的力量，才能叫真正的力量。

放到学习当中来看，假设你每天的完整学习时间为 10 小时，其中 7 小时由老师占据，没法改变，但是你还剩下 3 小时自由时间。如果你每天把这 3 小时平均分配到 6 科当中，每科 30 分钟，那么一个学期下来，你这 6 科都不能形成什么突破，只是维持在一个常规水平上。实际上，这就是我当年在高中时期的状态，几乎每一科都感觉还有点提升空间，于是同一时间内每一科都去认真学习，结果每一科都没有突破。

如果你在前两个月，选择把3小时都放在数学上，可能两个月后你的数学成绩就提高了一个档次。这时候，你再把3小时全部放到物理上，又一个月后，你的物理成绩也上升了一个档次。如此反复循环，一个周期过后，你的每科都会取得明显的进步。

当然，这不是说你可以把一天10小时学习时间全部放在一科上。每个学科都需要每天拿出一定的时间来进行日常维护，如果长时间不维护，会造成成绩的下滑，这样也是不行的。但这种维护，只需要维持常规成绩不下滑即可，所以不需要耗费太多时间。剩下的时间，你大可集中精力进行“歼灭战”，把效率提升到最高。

显然，使用脉冲策略需要你能够自由安排课余时间，甚至自由安排作业，于是它又与第二章中的学习中心论联系起来。一个没有学习自主权和自主意识的学生很难使用脉冲策略。

同时，脉冲策略又与第五章中提到的单一重复策略、结构化练习法和分层处理等策略有紧密的联系。比如在进行分层处理练习时，你需要一次性看和做几十道、上百道题。按照每40~60分钟休息5~10分钟的节奏，你至少要循环3次，这就是两三个小时的单科学习时间了，几乎占据了一名普通高中生一天中的所有课外时间，因此它必然要与脉冲策略一同使用才能取得最好效果。

脉冲策略的具体操作

脉冲策略可以分为短期脉冲策略、中期脉冲策略和长期脉冲策略。

短期脉冲策略，是指在几天内学生集中精力和时间进行冲刺，以求取得迅速进步。由于脉冲时间短，所以比较适用于进行一些小章节、小板块的突破。比如在校上课期间，每天额外拿出 3 小时深研数学的平行四边形章节（初中）或者立体几何章节（高中），持续 5 天。这两个章节是数学中相对简单的，一般只需要几天就能快速突破。

又或者，周末每天 6 小时、连续 2 天研究英语的名词性从句的相关语法知识，一般也能快速突破。

如果你的基础不错，学习较好，只有少数章节存在不足，那么就可以使用短期脉冲策略弥补漏洞。脉冲完成后，你则继续回到常规的学习节奏当中。

中期脉冲策略，是指在 1~4 周的时间里集中精力和时间进行冲刺，以求取得迅速进步。随着脉冲时间的延长，可以处理一些大章节、大板块了。比如在校上课期间，你可以每天拿出 3 小时研究数学的相似三角形章节（初中）或者函导数综合题（高中），连续 2 周。这两个章节是数学中相对复杂的，一般需要几周时间才能彻底攻克。

又或者，连续 2 周，每天多花 2 小时做语文阅读理解，深度总结阅读理解的基础知识点，分析解题思路，规范答题要点。这些较大的章节和板块可以通过中期脉冲策略解决。

不管基础如何，任何学生都可以使用中期脉冲策略。基础差的学生可以使用中期脉冲策略快速夯实基础，基础好的学生可以突破中等瓶颈，更上一层楼。

长期脉冲策略，是指在较长时间里（通常指 1 个月以上）集中精力和时间进行冲刺，以求取得迅速进步。由于时间长，可以连续处理一个学科的多个章节和板块。比如在一个学期的时间里，每天拿出 3 小时学习数学，从基础章节到高难度章节依次拿下，完成数学学科的极大突破和超越。

甚至于部分学生会请假回家自学，每天花费一半的时间学习数学，连续几个月。这种极端的形式有时能取得很好的学习效果。

但长期脉冲策略的使用要十分谨慎。根据一般学校的学习节奏，如果你在长达几个月的时间里连续专攻一科，那么其他学科成绩就有退步的危险，需要你有很强的平衡能力与调整能力。至于请假回家自学则更要慎重，这对学生的身体状态、心理状态、自学能力等有很高的要求，不适应者可能出现状态突然崩溃、成绩快速下滑等情况。

考虑到大部分学校并不会给予学生太多的学习自主权，所以在实践当中，学生一般会选择短期脉冲策略和中期脉冲策略，容易做到平衡自主学习节奏和学校安排。

脉冲策略的选择

短期脉冲策略比较灵活，大部分学生可以随时使用。中期脉冲策略与长期脉冲策略则需要选择性使用。

在期末复习阶段、中考与高考的总复习阶段都适合使用中期脉冲策略，总复习阶段也可以考虑使用长期脉冲策略。而在初一、初二、高一、高二的学新课阶段，中期脉冲策略就未必适用了，长期脉冲策略风险更大。这是因为脉冲策略的使用要有自主时间，而新课阶段多门学科同时进行，自由时间就不一定够了。尤其在高中阶段，每门课的难度都不低，高一更是要 9 门课同时学，学生压力极大，几乎无法使用中长期脉冲策略，使用短期脉冲策略已经是自由安排时间的极限。

初中生的情况相对好一些，课程数量较少，课程难度也较低。对于那些基础较好、学新内容较快的学生来说，在新课阶段也可以尝试中期脉冲策略。

在一日之内的时间安排中，我们一般会选择安排课余时间进行脉冲，而不是一次性放弃所有其他学科的学习，集中攻克某一个学科。

有些学生在使用脉冲策略的初期就尝到了甜头，明显感觉到成绩进步了，于是急着将脉冲策略扩大化、极端化，以求取得更大的进步。比如，一名高二的学生每天在课外多学 2 小时的数学，两周之后他的成绩就从 90 分进步到 110 分（满分 150 分）。他欣喜若狂，激动地把几乎所有时间都用来学数学，语文课、英语课、生物课、化学课都不听了，其他作业也基本不做了，全部用来做数学题，每天数学单科学习时间高达 8 小时！这样过了一个多月，他的数学成绩进步到了 120 分，而语文、英语、生物、化学的成绩却各自下滑了 20 分，总体来看，得不偿失。

比较稳妥的安排是保证各个学科的课上时间认真听讲，并适当完成基础的（而非所有的）作业，这样每天能够空出 2~3 小时的自由学习时间。我们将这 2~3 小时投入一门学科中，已经足够形成脉冲优势了，而其他学科成绩也不会出现明显的下滑。

这也是学习新课阶段无法长期使用脉冲策略的原因，在那些课程进度快、压力大的学校里，你很难坚持每天安排 2~3 小时的自由时间。对于高中生来说，每天 2~3 小时的自由时间是非常宝贵而难得的。

哪些学科适合使用脉冲策略?

是不是每个学科都适合使用脉冲策略呢？在公布答案之前，你可以自行思考下。

答案是只有部分学科适合使用脉冲策略。比如，数学、物理这样的学科是典型的适合用脉冲策略来学习的，而英语则是典型的（总体上）不适合用脉冲策略的。你知道为什么吗？

可以回顾一下上一章所讲的记忆策略中，有一个分散记忆法则。你有没有产生过疑惑，既然分散记忆的效果好于集中记忆，那么我们为什么还要使用脉冲策略？脉冲策略看起来不就是集中学习吗？两者是否矛盾？

这是一个非常值得研究的问题。两者其实并不矛盾，因为分散记忆的法则主要适用于记忆性的内容，而脉冲策略则主要适用于理解性的内容。越是无逻辑的、强调记忆的内容，越适用于分散记忆，因而不能使用脉冲策略；越是需要理解的、逻辑性强的内容，则越需要使用脉冲策略。

根据以上推断，哪个学科、哪个板块可以使用脉冲策略就很明显了，如表 8–1。

表 8–1　不同学科的脉冲策略适用性分析

科目	脉冲策略适用性分析
语文	论述文阅读、小说赏析、古诗词赏析等板块，适用脉冲策略；基础字词音、文学常识积累、古诗词和名篇背诵、作文素材积累、作文文笔积累等，都不适用脉冲策略。
数学	适用脉冲策略。
英语	总体不适用脉冲策略，但部分复杂的语法板块适用。
物理	适用脉冲策略。
化学	比较适用脉冲策略，但部分琐碎的知识点（元素与化学物质特性、实验器材使用等）适用分散记忆。
生物	适用性较弱。高中生物里有些涉及复杂理解的章节和题型适用，比如基因推断题等。其他大量零散知识点的记忆不适用。
政治	适用性中等。其中基础原理、法则等不适用，对大题的复杂情景分析适用。

（续表）

科目	脉冲策略适用性分析
历史	适用性中等。其中基础原理、法则、历史事件等不适用，对大题的复杂情景分析适用。
地理	适用性中等。其中基础原理、法则、区域地理特性等不适用，对大题的复杂情景分析适用。

脉冲策略的注意事项

总体来说，脉冲策略是一种强大的策略，是几乎所有学习高手多多少少都会使用的策略。但使用脉冲策略时依然有一些事项需要注意。

第一，脉冲策略一定要配合其他学习策略使用。如果一名完全不懂学习策略、思维能力较弱的学生使用脉冲策略，可能会毫无效果，甚至会产生反效果。不懂任何策略的学生，学习效率是低下的，此时使用脉冲策略进行集中学习，则变成了集中的低效——还是低效，甚至会更低效。

第二，自主学习能力越强的学生，使用脉冲策略的效果越好。作为学习的指导性原则之一，第二章中所提到的思想对很多学习策略都有影响，包括脉冲策略。如果一名学生的自主学习意识差、能力低，那他在使用脉冲策略时就会陷入混乱、迷茫，面对大量的自主时间甚至会感觉慌张而不知所措。

不过如前文所述，脉冲策略几乎是所有学习高手绕不开的一个工具，你应当去尝试它、适应它，与它反复磨合，直至成为朋友。越早进行这样的尝试，对你人生后续的学习越有利。在成人的世界里，脉冲策略还会进一步升级，变成一种“慢即是快”的哲学力量。有兴趣的朋友可以参考我的另一本书《深度思维》的最后一章（此书是写给大学生和职场人士看的，建议中学生高三毕业后再看）。

第三，在所有学科成绩都很平庸时，可以使用脉冲策略形成局部优势，提高自信心。如果一名学生没有任何擅长的学科，对学习几乎是必然没有信心，也没有兴趣的。在这样自卑、消极的心态下，想要学好是不可能的，严重的情况下甚至会产生自我厌恶、抑郁的心理。而采用脉冲策略突击，形成特定学科的局部优势以后，能够为学生打开一定的心灵窗口，让他提高自信心。自信心能够整体性地改善学生的学习状态，提高学习效率。

2

宏观时间策略

——中学六年的最佳学习节奏

在学校里，一切宏观学习规划都由老师和学校制订，学生只需要跟随执行就好了。这是缺乏以学生为学习中心意识的教育系统中的常规状态。制订者们并没有考虑到，这样的做法会给学生带来什么影响。

其中一个影响，就是学生会在没有任何宏观思考的情况下进行宏观决策。

比如，在经过初三一年的努力备考以后，高一学生会普遍产生一种想法：高一先轻松地玩一下，高二、高三再去努力。这种想法是与他们的初中经验有关系的，因为初中的学习内容较为简单，很多学生就是先放松一年甚至两年，直到初二甚至初三再开始拼命努力，最终也能考取不错的成绩。于是，他们进行了决策：高一先放松，高二、高三再努力。

又或者，一名学生在高二物理学习中遇到了不太明白的复杂题目。他学得有点累，于是想着高三不是还有一轮、二轮复习吗？估计就是用来解决这些高难度题目的。于是，他决定现在不用那么费力去思考难题，等到高三复习时再说。

还有些学生有这样的想法：数学很难，我在高一、高二多花时间把数学学好，等到高三再去突击学习英语和语文。

这些都是错误的想法。

我的建议是，尽管你只是名学生，但你依然需要有一定的宏观意识。你最好能够在初一、高一就明白，为了在初三、高三取得好成绩，这六年的时间应该如何规划，这便是宏观时间策略。

初中生的宏观规划

相对高中来讲，初中时的学习压力较小，因此初中生的宏观学习规划也较简单。

初一开始的那段时间，正常学习各科新课，听课难度不大。语文、数学、英语随堂听课并进行练习，基本能够跟上；而历史、政治、生物、地理等科，练习较少或没有，只需要随堂听课就好。

其中，数学由于从小学六年级到初一难度有小幅度提升，感觉不适应的学生可以在此时使用针对数学的中短期脉冲策略。

从初二开始，数学难度提升，并出现新的学科——在学习数学时，每当难度提升，都可以通过短期脉冲策略进行突破，以求能够立刻解决难题，保持数学的优势。由于数学的逻辑连贯性强，前面的章节会对后续学习产生重大影响，比如全等三角形影响相似三角形的学习，平行线影响平行四边形、三角形、圆的学习，所以几乎不允许出现某些章节的落后。因此，如果你在课堂学习时没能掌握全部数学知识，遗留了某些困难，就要使用短期脉冲策略来解决；如果短期脉冲策略依然未能解决数学上的困难，在一般情况下，你可以考虑以其他学科暂时停滞为代价，转为使用中期脉冲策略突破数学。如果学习方式得当，一般中期脉冲策略就足够解决初中数学的问题了。长期脉冲策略有一定风险，不推荐此时使用。

对于新出现的物理学科，你此时最重要的任务是在学科上形成良好的心理感觉，千万不要产生害怕的情绪。如果一个新事物一上来就把人难住了，以初中生的心理成熟度是很容易产生持续性消极心理的。所以你一定要在初二一开始就重视物理，力争吃透这一学科。任何时候产生了难点，你一定要尽力使用脉冲策略，迅速克服它，重新夺回心理优势。

初二下学期或者初三出现的化学学科，我们对它采用的方法与物理类似，要从一开始就重视，建立心理优势。而到了初二下学期和初三，数学的难度会再上一个台阶，开始出现多章节的综合题。此时，你又要使用短期脉冲策略甚至中期脉冲策略了。

另外，在初中、高中这六年的整体安排上，初中偏松，而高中偏紧。我们在进行初中的学习规划时，如果学有余力，要提前为高中做好战略准备，利用初中较为宽松的学习时间，缓解高中的学习压力。其实很多学生在初中时都是学有余力的，很多学生在潜意识里已经感觉到，初中的学习难度并不太高，只要自己尽全力学是能够学好的，但他们内心觉得没有这个必要，只要学得比较好就行了，因此会选择只花费部分精力去学习，而剩下的时间去进行娱乐活动。

在学有余力的学生中，比较常见的做法是从初二、初三开始学习一部分高中的数学和物理知识。这种做法只对极少数人适用，并不是我所推荐的方式。

学有余力的学生更适合将多余的时间分配给语文和英语这两门看起

来没有那么重要的学科——一般学生和家长会认为数学比语文、英语更重要。初中数学和高中数学差异极大，初中生强行学高中数学是很难取得效果的。但初中英语和高中英语是可以无缝衔接的，而且英语这种语言性学科，天然适合低龄人学习。最好的结果是学生能够通过高效的方法学习英语，在初中三年里就部分掌握甚至完全掌握高考级别的词汇量和语法，能为高中三年节约很多英语时间。

语文也适合在初中阶段进行深入学习和拓展，包括读、记更多的古诗词、小说，甚至升级为社科、科普、心理、哲学、国学等广泛阅读。这样的阅读既提高学生的语言积累和阅读能力，又能提升学生的思想水平，同时开阔眼界。语文阅读也承载了更多的责任，超脱于应试之外，与综合能力素质的培养联系起来。

至于政治、历史、地理、生物几门学科，各省市要求不一样。对于这些学科，有些考，有些不考；有些开卷，有些闭卷；有些只考低难度的背诵，有些则仿照高考模式进行高难度的综合考查，并不统一，因此在这里不做统一讲解了。

高中生的宏观规划

对大部分学生来说，高中的学习压力是非常大的，高三尤其如此。为了不让高中后期的学习压力过大，我们应该从高一开始就进入全力学习的状态。大部分学生需要明白，你们在初三时所产生的“中考之前累一点，高一就轻松了”的想法，只是一种错觉。

高一的数学和物理难度比初中有了大幅提升，而且高一所学的内容都是后面几年所学内容的基础。对于逻辑连贯性极强的数学和物理来说，如果在高一出了问题，高二、高三的学习必然是非常痛苦的。因此与初中阶段类似，学生必须在高一一开始就全力拿下这两门学科，甚至可以使用短期脉冲策略。

化学也有一定的难度，处理方式与物理类似。

生物、政治、历史、地理几科在高一阶段难度不明显，不需特殊时间安排。英语的难度和安排则要看你的初中基础，如果初中基础好，甚至还进行过超前学习，那么高中的英语只需要常规听课、做作业即可拿下高分。如果你在初中没有在英语上下苦功夫，那么则需要从高一开始认真积累，包括单词、听力、写作等练习，而不要指望到高三再去突击英语。要记住，英语是一门不适合集中学习的学科。

语文的作文应该从高一就开始训练，因为初中一般以记叙文为主，而高中要求以议论文为主，这是一个巨大的转变，学生需要时间来适应。其中，积累写作素材尤其需要在日常进行，而不适合使用脉冲策略。审题立意既可以进行日常训练，也可以使用脉冲策略。

到了高二，数学、物理和化学的难度继续爬升，而政治、历史、地理也会逐渐体现出应有的难度。你会发现，这些学科远不是简单的背诵而已，需要有很强的面对具体问题、场景进行具体分析的能力，还要有完整的答题语言规范和技巧，因此在这些学科上花的时间会持续增加。

高三更为复杂。一般高三分为三轮复习，每一轮复习要点不同。第一轮复习是章节复习，相当于按照章节顺序重新过一遍新课，让你回忆起知识点和题型。如果你在新课时期有重大知识点遗漏，这一段时间是你进行弥补的最好机会。

由于提前知道高三会有一轮复习，所以部分学生在新课学习时没有尽力弄懂每一个知识点，而是懒散地想留到高三一轮复习时解决。但你得知道，一轮复习的节奏非常快，课程进度大约是上新课的 4~5 倍。所以，你应该尽可能在新课期间解决所有问题，尽量避免将问题留到一轮复习时解决。

二轮复习一般为专题复习，主要集中讲解重点知识点和题型，主要解决综合性问题，比如数学的导数、函数、数列综合题，物理的运动学、力学、机械能、电磁场综合题，政治、历史、地理等学科的综合性解答题。在这个阶段，想要冲击高分的同学要尤其注意，高分与中等分数的主要区别就在于高难度的题目能解出来多少。处于中低分数段的同学，则要考虑是否战略性放弃数学、物理的压轴题，转而把中等难度的题目反复练熟，彻底拿下。

但要注意，语文、英语、化学、生物和文科综合，基本不存在能够战略性放弃的题目，它们的难度设计和数学、物理不一样。数学、物理的难题可能让你毫无思路，一分都拿不到，但其他学科则没有这种绝对难题，而是东错一点，西漏一点，降低你的得分率。

三轮复习基本是高考前刷题练手感，找高考的节奏。此时学生的主要任务是反复做各科模拟卷和历年真题，然后零零散散地补漏，即在测试中发现什么漏洞，就去临时补一下。这当然需要一个前提条件——你的一轮、二轮复习知识点已经完善了，不存在系统性的漏洞了。同时，你要开始进行考前心态调节，防止高考期间出现较大的心理波动。

这就是高中三年的节奏。高一的学生尤其需要提前了解这个节奏，知道高中的每个时间段该干什么，有助于做好心理准备，形成对高中学习的正确认知。

总体来讲，在一轮、二轮复习期间，最适合使用脉冲策略。

3

微观时间策略

——一天内时间的调配方法

中学生的时间几乎全然被学校安排，能够自由安排的时间较少，但在每一天的时间安排里，仍然有可以调整的地方。

让我们以从早到晚的顺序开始讲解。

推荐中学生早 6：00 起床，然后进行适量运动，如 1 000~1 500 米的慢跑，晨练后吃早饭。如果不愿意进行晨练，或者因天气不适合晨练（如某些地区 6：00 天还没亮，或者早上室外太冷等），中学生可以延迟到 6：30 起床。但要注意，锻炼依然是必要的，如果无法进行晨练，需要在下午或晚上补练。

中学生一般 6：45 或者 7：00 开始早读。早读时如果学校有安排就跟随学校安排，比如固定的语文与英语早读；没安排的话，一般会推荐中学生进行前一天知识点的复习——根据记忆遗忘曲线，学习完的前 48 小时内应该进行数次复习。

上午正常上课，最后一节课结束后，如果有时间，你可以花十几分钟复习一下上午的课程；如果你没时间（用餐时间短、需要尽早去食堂抢饭等情况）则直接用餐。

中午推荐进行午休，一般 30~40 分钟足够。在用餐和午休之间应该会有 20~30 分钟空闲，如果你当天身心状态一般，可以用散步来调整；如果你身心状态较好，可以用此时间进行提取练习，形成对今天上午和昨天学习知识点的二次、三次复习。不要小看这种小小的提取练习，它的效用非常明显。

下午正常上课。下午课程结束后，如果不着急吃饭且早上没锻炼，可以考虑在此时进行锻炼。也有些中学生一次性锻炼时间不够，或者无法坚持较大的运动量，需要把每日的运动拆分成两次，则可以早上和下午课后各自锻炼一次，每次练习一半的运动量。

从这里开始，大部分初中生直接回家，用餐后可以进行当日课程理解、复习与作业练习等，而高中生则继续开始晚课。

晚上 6：00 或者 6：30 开始，一般有 40 分钟左右的短自习时间，一般用来进行当日课程理解和写作业。随后有 4 节课，前 2 节一般有老师讲课，后 2 节则是自习时间。自习时间进行当天课程理解、复习与作业练习。学有余力者可以额外进行自主学习。

自习结束一般在晚 10：00 左右，除了一些严格管控的半军事化管理学校会在 30 分钟内熄灯和强制学生睡觉外，大部分学生还是会学习到晚 11：00 以后，甚至更晚。

晚 10：00 左右，我们迎来了第三次锻炼的机会。如果白天没有空闲进行活动，此时可以做些慢跑之类的运动。但由于已经距离睡觉不远了，所以运动不要太剧烈，量也不要太大。

对于高中生来说，我推荐的睡觉时间为晚 11：00~11：30，初中生则在晚 9：30~11：00（初一要早，初三稍晚）。你的实际作息时间可以比此更早，但不要更晚。这是按照北京时间算的，个别省份的中学生（如黑龙江、新疆等）可以自行转换时差。高中生晚 10：00 自习结束后到睡觉前有一个多小时的时间，可以进行理解、做作业和自主学习。

来讲最后一个重要的细节。在睡觉之前，强烈建议大家抽 5~10 分钟再次进行提取练习，复习当天所学的所有知识点。这个细节一定不要忽视，经过中学生的大量实践证明，这个细节能极大地提高学习效率。我的很多学员都向我反馈，仅此一个动作就让他们每天的学习效率提高不少，每天都感觉自己切切实实地掌握了新的知识。经过每晚睡前的提取练习后，中学生在第二天对知识点的记忆明显会更加清晰，而非之前那样学过就忘。

一天的安排已经大致完成了，让我们一起做下梳理。第一，不提倡大家熬夜，很多中学生习惯学到晚 12：00 以后，这其实是降低学习效率的，在最后一章会有详细说明。大家中午一般需要午休，午休和晚上睡眠的时间加起来应该有 7.5~8 小时。

第二，我们在每日安排中强调了，当天学过的内容最好当天有 1~2 次快速复习，第二天再加 1 次快速复习。这种 48 小时内的复习最能巩固记忆。中学生复习的时候除去常见的看书外，推荐使用提取法。

第三，每日一定要有锻炼的时间，选择早晨、下午或晚上，也可以分成几次去运动。

最后需要说明下，这些是大部分中学生适用的时间安排，遇到特殊情况可以稍做调节。比如有些学校统一规定早 5：30 起床，起床时间很早，那么对应的睡眠时间也要提前。有时候碰到重要的知识章节或者题型，需要临时突击一下保证彻底掌握，可能当天需要临时延长 1 小时学习时间，则被迫取消锻炼或者晚睡 1 小时，也是可以的。但这种情况只能偶尔出现，不能频繁出现，一般一个月出现次数不超过两次为宜。

本章结语

在时间策略中，我们主要强调了三个方面——通过安排时间、集中单科学习时间来提高效率，即脉冲策略；了解中学六年各个学科的总体学习节奏，即宏观时间策略；了解一天之内时间的合理安排方式，即微观时间策略。

时间策略的特点是通过调整时间，在不增加工作量的情况下提高一定的学习效率。同时，了解什么时间应该干什么事情，也有助于稳定心态，让自己不焦虑、不浮躁、不心存幻想。

一起来思考这些问题吧：

- 你是如何在各科上分配时间的?
- 在假期有大片的时间时，你主要用来做什么了？有什么方法能够好好利用这样的整段时间?
- 你在初一或高一开始时，有无规划自己中学六年的学习节奏？是如何规划与执行的?
- 你每天的学习节奏和时间安排是怎样的？能否和上一章讲到的记忆策略有机结合起来?

第九章

信息源管理

——找到最适合自己的信息源

如果河流上游的水源有问题，那么在中下游无论怎么努力尝试净化水质，都会感到困难重重。学生需要思考，自己的知识来源是否可以优化？是否可以扩展？勇于走出这一步的学生，更能在逆境中找到出路。

1

如果老师讲课不适合自己怎么办?
——中学生的四种信息源

两个学习困难的案例

在初三时，小梅同学尽全力学习，终于考上了一所省级重点高中。高中时期她继续努力，可是成绩一直徘徊在班级中下游，并随时间缓慢地下降。到了高二，她的成绩已经差不多在班级垫底了。

由于长期心情低落、学习压力过大，在高二的某段时间，她病倒了，不得已停课住院。倒也不是什么大病，其实一周左右的时间就已经痊愈了，但由于内心对在校学习抱有恐惧和厌恶，她不愿意回到学校，对家长和老师声称依然身体虚弱，需要在家调养一段时间。在这段时间里，没有老师教导，她被迫进行自学，自己看课本，自己做教辅书。

一个月后，家长觉得有点不对劲，怎么这么个小病拖了一个月还没好？一番询问过后，终于发现她是在装病。于是，父母把她大骂一顿，批评她逃避学习、态度不端正，然后将她赶回学校。小梅的父母声称，如果回校后的测试中成绩大幅下降，说明她在家里根本没有认真自学，而是在玩儿（父母上班，不知道她一个人在家里干什么），那就一定要狠狠地惩罚她。

幸运的是，回校后的第一次月考中，小梅的成绩不但没有大幅下降，而且有了明显上升！从班级的垫底水平升到了班级中下游水平。父母也就没有追究责任了，小梅松了一口气，这一场劫难终于过去了。

不过好运气并没有持续太久，在后续的学习和月考中，小梅的成绩迅速回到班级的垫底水平，直到她遇见我。

在我进一步揭晓答案之前，请大家想一想，这个案例里有没有什么值得注意的地方？

答案很明显，就是她病愈后回校的那次月考里成绩突然提高了。我抓住这个异常点（以及在沟通中发现的其他线索）进一步深入沟通，终于挖掘出小梅高中学习的核心困境。

原来，在这所省级重点高中里，老师讲课的速度很快、难度很大，数学、物理、化学三科尤其如此。老师刚把基础公式和定理讲了一遍，立刻开始进行题型训练，而且习惯跳过简单题，直接从中等难度题开始讲，并迅速进入中高等难度题的练习。碰巧小梅并不是那种反应迅速、能立刻听懂难题的学生，她需要较长的时间理解公式、巩固基础，并逐渐小幅提高题型难度。每天在课堂上，她基本听不懂老师在讲什么，所做的练习题也是老师发的，因难度太大而导致效率低下。

以她的资质和努力程度，如果配合特别高效的学习策略，大致成绩能上升到班级里的中游水平。但由于老师的讲课内容她基本听不懂，导致小梅没有发挥出自己的能力，成绩落到了垫底水平。

来看另一个案例。海云同学的高中学习也不太顺利，成绩在班级里处于中下游水平。由于这名男同学天性好动，并且在小学和初中有过贪玩、厌学、经常不交作业的历史，所以他的父母最担心的就是他的学习态度有问题。进入高中以后，他的学习态度有所好转，但具体好转了多少父母并不清楚。鉴于成绩也很一般，所以父母推测他其实也没有太大的转变，依然在学习态度问题上经常提点他。而海云同学则向父母抱怨，老师讲课讲得不好，想要报辅导班上私教课。虽然价格会贵一些，但由于家庭经济条件不错，所以他觉得也是可行的。

但父母狠狠地批评了他，认为这是他的借口，想要离开管理严格的学校，去外面管理松散、玩游戏机会多的辅导班。他的父母说道："老师教了那么多年课，你还说他们水平差？难道你的水平高了？每个老师都有自己的优点，你怎么光盯着老师的缺点看，不多看看老师的优点？一天到晚对老师挑刺儿，缺乏对老师的尊重，你是怎么做学生的？说到底就是不想学，找借口！"

一通批评后，海云同学带着郁闷的心情返回学校。直到在夏令营遇到我，他才在抱怨中跟我说了这件事情。

关于老师的禁忌

这两名同学遇到的问题，是典型的信息源问题。

学生的任务是学习知识，而学生学习知识的源头是什么呢？一般人会认为，是老师。如果老师作为信息源出了问题，那么学生的学习必然受到影响，而且经常是致命的影响。所以家长会削尖了脑袋让孩子进入重点中学、重点班，或者出高价请名师补课。

不过问题在于，老师一方出的问题常常不被承认。

在中国的传统文化里，尊师重道是非常重要的精神，以至于有时候会超出常理。有些家长会无比信任老师，认为一切问题都是孩子的问题（如态度不认真等），而老师没有任何问题。尤其是有些老师的职业道德水平很高，品行很好，做事认真负责，但业务水平比较低，家长很容易因为老师较高的职业道德水平，直接忽略老师业务水平比较低的事实。

甚至有时候学生也会犯类似的错误。由于常年习惯了老师的权威，所以在老师出了问题后，有些时候学生也常常不敢承认，或者虽然自己知道但不敢向家长反映，更不知道如何应对了。

老师会不会出问题？这个问题是中国教育界和传统文化的禁忌。今天我们暂且抛开这个禁忌，仅仅依据事实说话。显然，老师是会出问题的。有时候，老师的课讲得不错，但未必适合你（比如第一个案例）；有时候，老师就是单纯讲得不好而已。

课讲得不好又分两种情况。第一种，老师虽然对学科知识掌握得很好，但是表达能力弱，不能很好地表达出来，或者只能给出正确答案，无法做深入分析；第二种，老师自己也许对学科的掌握就没有那么好。

对学科知识理解深刻、表达能力强，并且懂学生心理、懂学习策略，能够根据学生的情况进行针对性教学的老师，简直是百里挑一。除去懂学生心理和懂学习策略，仅要求学科知识理解深刻、表达能力强的，已经是优秀的老师了——这样的老师可能也并不适合所有学生。再把表达能力强这个条件去掉，这样的老师对学生的帮助就更小，能够教好的学生也就更少。

总体上来说，越是经济发达地区和重点学校，优秀老师就越多，比如北京、上海、广州、深圳等地的省级重点和国家级重点中学，拥有大量国家级名师。经济较弱的地区则优秀老师越少，三四线城市的师资力量已经没那么强，县城和村镇则更加弱势。

在一二线城市的非重点中学和三四线城市、县城乡镇的中学里，学生在学习时遇到信息源方面（老师讲课不好或不适合自己）的问题，是很常见的。学生和家长应该知晓此常识，而不应该把这些问题作为一种禁忌。

四种信息源

如果老师是学生学习时唯一的信息源，那么当老师出了问题时，学生的学习就必然受到影响，或者崩溃——这简直是人间惨剧。幸运的是，老师并非学生学习的唯一信息源。在中学学习中，学生至少有四种信息源：

第一种，学校老师。

学校里的老师，即学生每天接触最多的那些老师。在大部分情况下，这些老师是学生学习的直接信息源。

第二种，教辅书。

市面上的教辅书多如牛毛，其中不少是名师编写的。教辅书种类齐全、内容丰富，而且容易获得，可以作为一种重要的信息源。

第三种，同学。

很多人没有意识到，同学也是一种重要的信息源。你不仅可以向老师学习，也可以向同学学习。在很多时候，同学间的互动往往比跟老师的互动更轻松、更频繁。在课间向同学问一道题，或者请教一下写作文的心得，自己往往能有不小的收获。

第四种，社会师资。

包括校外辅导机构的老师，以及大量的网络教学课程。

这四种信息源都能对学生的学习起到帮助作用。当我们知道自己有多种选择时，就不容易因为某一个选项出了一点问题就全盘崩溃。如果学校老师不适合我们，我们还可以转而向教辅书、同学和社会师资寻求帮助。

比如，数学老师讲课太难懂，那么我们可以把精力放在一些讲解清晰、题型简单的基础类教辅书上。我给那位小梅同学的建议就是购买几本讲解细致的基础教辅书，以教辅书中的讲解代替老师的讲解，同时放弃学校的高难度练习，专注于做教辅书中的基础练习。

针对第二个案例，我检查了海云同学的一些基础知识点掌握情况，发现他的老师确实存在部分讲解不清楚、分析不透彻的问题。于是，我建议他一方面以教辅书部分代替老师的讲解，另一方面则聘请课外辅导机构的老师给他进行定期的重点讲解和答疑，以弥补学校老师的不足。

总之，如果你灵活应用好四种信息源，以一个信息源系统来代替单一的信息源，你的学习风险就会降低很多。

在四种信息源选择的整体排序上，一般为学校老师>教辅书>社会师资>同学。如果老师讲课质量高，则优先听课，按照老师的安排学习。如果老师讲课不能满足你的需要，则优先以教辅书来弥补老师讲课的不足。如果通过教辅书依然不能高效获取信息，则转而寻找社会师资。最后以同学间的学习进行补充。

但这只是整体排序，并非绝对。比如，同学间的学习对你的促进程度，会随着同学实力的强弱而变化。在比较优秀的同学之间，相互学习对学习的促进作用可以超过社会师资。而在实验班、竞赛班等学霸扎堆的班级里，同学相互学习的力量甚至可以在某些时候超过学校老师。

在这一章，我们不得不再次提到第二章的内容。显然，一名完全以学校为中心来学习的学生，会自然地缺乏管理信息源的意识，他会习惯于服从老师的管理，并且在老师这个信息源失效的时候陷入停滞，思维被卡死在那里。而拥有自主学习能力和自我学习中心意识的学生则会立刻意识到要进行信息源管理，调整学习模式。随着本书的阅读，你可能会越来越意识到“学习中心论”这样抽象的理念，其实会在学习中起到至关重要的作用。

2

教辅书的正确打开方式

——从平凡的教辅书里挖掘出宝藏

教辅书的优势

在大部分情况下，除学校老师之外，教辅书会成为学生最重要的信息源。

在学习中，教辅书是一种非常重要的力量。教辅产业的快速发展，给学习带来极大的便利。我们应当感谢那些教辅书编写人员，也许他们的动机只是想生产一些畅销品，但从实际结果来看，教辅书给我们提供了除学校老师之外的信息源选择，给了我们更多自由。对于师资力量薄弱地区的学生来说，教辅书的意义更加不可忽视。

教辅书至少有三大优点：

第一，与名师拉近距离。

即便在一个省级重点中学里，你也很难找到太多省级名师，除了实验班、竞赛班，平均一个高中班级的 6 个学科教师里有 1~2 位省级名师就已经很难得了。在省级以下的中学里，学生更是难以接触名师，而很多教辅书是名师编写的，省级名师、国家级名师编写的都可以找到。他们编写的教辅书常常就是自己的教案，对照这些教辅书学习，相当于请他们给自己上课。

第二，种类齐全、内容丰富。

有时候，名师的教辅书甚至会比名师本身更有用。如果你让一位名师来教你所在的班级，他依然只能照顾到班级中的部分学生（一般是中等水平的学生），而非全部。但使用名师的教辅书就可以完全按照自己的需求进行学习。基础较弱的学生可以购买基础的教辅书，或者只看教辅书中的基础部分；成绩拔尖的学生又可以无视基础教辅书，直奔压轴题系列。阅读理解不过关的学生可以单买、单练阅读理解，作文缺乏灵感的学生可以选择作文大全，自由度极高。

第三，价格便宜。

与欧美发达国家相比，中国教辅书的价格是很低的，这是中国人口多、市场大、商品边界成本低的好处。一本教辅书只需要几十元，一名中学生 3 年内能够用到的所有学科的教辅书加起来，也不过几千元。作为对比，去课外辅导机构找名师补一门课，光一个学期就要成千上万元了。在北京这样的高消费地区，找名师补课，甚至一个月的收费就超过 10 000 元。教辅书的价格显然是普通家庭也能够承受的。

不过大部分学生对教辅书这样重要的信息源，似乎缺乏正确的认识，更缺乏高效的用法。这样重要的资源，我们是可以通过巧妙的方式来提高它的效用的。

教辅书的组合式用法

教辅书的使用可以从学习新课时期就开始。在学习新课时期，学校一般配套同步讲解类教辅书。这类教辅书的特点是讲解详细，从基础的概念、定理开始介绍，最后配合一定量的题目。不过这类教辅书的题目数量一般是不够的，需要进行补充。要么额外准备 1~2 本同类教辅，这样练习题目加起来一般就足够了；要么额外配一本专练题型的教辅书或试卷。

在总复习期，一轮、二轮复习一般使用专题类教辅书，比如专练物理力学大综合的、语文阅读理解的、英语完形填空的。而三轮复习则使用真题试卷、模拟试卷和半模拟试卷（比如只模拟选择题的）。

一般高中生使用教辅书时会提前预估自己能看完、做完多少。学校课程紧，作业已经不少了，还要再做自己买的教辅书，那肯定是比较累的，而且也没有太多时间去做。大部分高中生预估后会发现，在学校所布置的作业以外，额外完成一本教辅书的练习已经是极限了。

于是，在短时间内，每科只配备一本教辅书是大多数高中生的常态，就算最终用到了多本教辅，那也是完成一本再买一本。

这看起来很正常对不对？量力而行嘛，能做多少是多少，要不然买一大堆教辅书又做不完，岂不是浪费？

而我的建议恰恰相反。我认为教辅书是非常重要的东西，它应该进行“过量配置”，而不要卡在“刚好够用”的程度。

比如在学习新课时期，对数学这样的学科，大部分学生会自己配备一本教辅书，而我则建议至少配备 2~3 本教辅书，甚至更多。有人会疑惑，这么多教辅书明显做不完啊，有什么意义呢？

答案是，我们应当对这些教辅书进行组合式使用。

我们对教辅书的要求是：第一，它能代替或者部分代替老师的讲解；第二，它能向我们提供足够的、合适的练习。

要代替老师的讲解，就要求教辅书所涵盖的知识点一定要齐全，不能有遗漏，而一本教辅书是很难做到这一点的。比如，在化学的实验章节，实验器材的种类、用法、适用实验等知识点极为琐碎和繁多，几乎没有任何一本教辅书能够完全讲解清楚，必然需要将多本教辅书组合起来，才能完整覆盖相应知识点。又如，地理学科中有很多课本之外的知识点需要补充，没有哪一本教辅书能够一次性补充完整，也需要多本教辅书组合使用。

为了有足够的、合适的练习，多本教辅书的组合使用更是无法避免的。对于基础很差的学生来说，你可能需要完全放弃中高等难度题，而专练基础题——目前没有任何教辅书是只罗列基础题的。因此，你必然需要将几本教辅书组合起来使用，每本教辅书都只做其中的基础题，在基础题上一次性形成足够的练习量。你还记得吗？在练习的策略中，我们就提到过单一重复策略，它正需要多本教辅书组合使用。数学则更加典型了。数学的题型变化极多，更是没有哪一本教辅书能够完全覆盖，必然要多本教辅书进行组合。

由此便产生一个问题：多本教辅书组合后，你能做的题目数量依然有限，教辅书剩下了大量空白又该怎么办呢？

答案是，就那么空着好了。

我们需要建立一个信念——我是学习的中心，一定是教辅书围着我转，而不是我围着教辅书转。我对教辅书只有权利而没有义务，我没有义务一定要看完它、做完它。

对教辅书，我只做对自己有用的那一部分，剩下的就可以空着。比如我买了 3 本数学教辅书，其中每一本都只做了 30% 的题目，空了 70%

的题目，这是很正常的状态。我会感觉可惜吗？浪费吗？其实一点都不。你一定要意识到，人比物重要，你的时间、效率、学习、前程，远远比教辅书更加重要！

有了这样的教辅书使用方法后，你的信息源得到了极大的丰富，学习的风险得到了极大的降低。你有可能碰不到好老师，但不可能找不到好的教辅书。善用教辅书是我们学习的极大助力。

3

构建良好的学习生态
——如何让更多人来帮助自己？

这一节讲述的内容将会非常有意思，既轻松有趣，又很实用。它是大部分老师不会想、不会讲的内容，也是大部分学生和家长没有深度思考过的内容——如何构建一个良好的学习生态，即如何让更多人来帮助自己学习。

“生态”原本是生物学名词，指生物在一定自然环境下的生存状态，以及生物之间、生物与环境之间的复杂关系。在中学学习中，生态主要是指你的同学和老师。

总体来讲，生态比个体更强大。很多人喜欢喊一些类似“出淤泥而不染”的口号，却没想过为什么不去想办法创造一个没有淤泥的环境呢？环境对人的影响是巨大的，对抗环境是一个人万不得已时的最终选项。在此之前，我们应当先考虑更加省时、省力的选项——选择与调整环境。

在一所中学的班级里，你坐在某个位置上。你的周围有很多同学，有些是勤奋刻苦的学霸，有些是不愿学习的学渣。在学霸当中，有些孤僻冷傲，见了谁都没兴趣理，这种学霸有很多；有些学霸平淡如水，你去找他说话，他就和你正常聊天，没人找他的时候，他就安静地读书，这种学霸也有很多；还有些学霸热情似火、乐于助人，总是主动帮助其他同学。

在学渣当中，有些自己玩自己的，对其他人没兴趣；有些喜好群居，希望多拉一些人陪他一起玩，因此喜欢对那些勤奋学习的学生进行冷嘲热讽，生怕没人陪他一起堕落。

讲台上是老师，在更远处的老师办公室里还有同年级、同学科的其他老师。几门学科的老师轮流出现在教室，他们上课、下课，在办公室里备课和批改作业，有时闲着，有时很忙。办公室的老师们会闲聊，有时抱怨工作太累，有时抱怨现在的学生真没礼貌，不尊重老师。

老师们有时候会相互比较各自班级的成绩，如果发现自己的班级分数低了，就在心里着急，暗自责备几句拖后腿的学生，心想你们怎么就不能认真学习？如果年级前几的高分学生出现在自己班上，老师则心里大喜，并且对这名学生也更加看重、更加宽容。

老师还会在课间给学生答疑，但答疑的质量需要看运气。有时候老师比较有空闲，就把题目讲解得深入一些、透彻一些；有时候老师手头还有其他事情，就直接给出答案，敷衍一句“你自己回去多想想”“你就是题做少了”。

这就是学生和老师的日常。

这就是大部分学生所处的学习生态。

你可曾想过，这些看似与你无关的内容其实会影响你的学习？你对下面这些类型的案例感到熟悉吗？

一名成绩处于中下游的学生——我们称为小姚——整天和其他成绩

较差的学生聚集在一起闲聊说笑，对学习基本不在意。某一天他忽然有了一点小小的醒悟，觉得不能如此荒废下去，还是要认真学习。当他拿出英语书开始背单词，几分钟后，他的“好朋友”们——那些已经完全没有任何进取心的学生——就会忽然围过来，对他进行一番冷嘲热讽：“呦，你居然在背单词？准备考清华、北大呢？”“天啊，你看他那个样子，我们简直不配和他当朋友了！”当他们尖酸刻薄地嘲讽之时，另一个朋友看似很好心地给了他一个台阶下：“行了、行了，别嘲讽了，你也别装了！走吧、走吧，赶快去网吧占位置，别浪费时间了！”小姚承受不住这一番嘲讽，一看有个台阶下，立刻甩开课本说道：“行了、行了，别瞎扯了，走吧，上网去了！”那一点点上进和改变命运的机会就此湮灭。

一名成绩处于中游的学生——我们称为云飘——整日埋头苦学，由于不得其法、思维笨拙而无法取得进步。偶然的座位调动，班级第一的学霸坐到了她附近。她开始观察这名学霸的学习方式，并经常向他请教题目。她发现，学霸的思维很活跃，思考问题的方式与她完全不一样，并且学得很轻松。她一边困惑，一边尝试着模仿学霸的思维方式来学习，结果那些原本复杂的数学题、物理题竟然变得简单起来！一个学期后，云飘的成绩居然从班级中游进步到了班级前 10 名。

一名成绩处于上游的学生——我们称为思敏——想让学习成绩进一步提高，而进一步提高则需要脱离班级的常规教学计划进行自主学习，因为班级的常规教学计划是针对成绩中等的学生。然而脱离常规教学计划进行自主学习需要经过班主任的首肯，但班主任很固执、很传统、很重视权威，坚决不允许她脱离班级的常规教学计划。她不知道如何说服老师，只能服从，于是被长久地卡在原地，成绩无法进一步提高。

另一名成绩处于上游的学生——我们称为千相——想要进一步提高

学习效率，需要拿到更高质量的学习资料。于是，他与实验班的学生维持好关系，拿到了实验班中更高质量的学习资料，这样就省去了翻阅教辅书、自行补齐资料的麻烦。

这些都是我曾见过的真实案例（当然，名字是化名）。我相信你也经历过或者见过类似的案例吧？总的来说，那些看起来与直接的学习行为无关的事情——同学关系、师生关系等生态环境，却能通过某种方式影响你的学习。你的同学和老师都会向你传达某些信息，如果这些信息与学习有关，质量又很高，那么同学和老师就构成了你学习时的信息源。

即便中国的传统文化是极为重视人情关系的，但真正懂得人情关系如何处理的人却很少。大部分学生的年龄和成熟度还没有达到能够自发领悟人际关系本质的程度，而他们从老师和家长那里听来的人际关系经验常常是不适用的。比如，经常有家长劝自己的孩子，一定要尽量和班级里的所有同学搞好关系，这就是一个典型的错误教导；经常有老师对学生讲，要把心思放在学习上，不要受别人的影响，这是一句看起来很正确，但没法具体执行的空话。

我研究教育的时候，不仅会研究看起来“高大上”的理论，也会研究那些看起来很奇怪但实际上很有用的冷门理论。所以，我常常会针对中国学生的实际经历和环境特性，给出一些“江湖野路子”属性的建议。在学习生态的构建和优化上，我想给中学生这样几条很实用的建议：

第一，朋友不仅是靠缘分，也是自己挑选出来的。请记住，你是有价值的，你有资格挑选朋友。

中学生在交朋友这件事情上就很随缘，恰好有什么人来到身边，只要两人没有明显的矛盾，那就可以成为朋友。老一辈的父母、老师经常有这样的观念。我的建议是你一定要选择自己身边的朋友，精挑细选，而不要纯粹地随机结交。也许你的某个室友是你需要极力避开的，也许教室里与你相距很远的某个陌生同学是你需要主动结交的。

其实那些事业有成的成年人是很懂这个道理的，这在优秀人士的世界里是通用规则。中学生一样可以学习这个技能，这不仅对你现在有用，而且可以有用一辈子。

第二，远离那些拉着你一起堕落的人。

这一条是如何挑选朋友的原则之一。在中学的氛围里，很容易出现那种“哥俩好”“姐妹亲”，而诸多污浊的心理则藏匿在看似亲密友好的关系之下。比如上文案例中的小姚，即典型的被人拖下水却不自知，还以为周围那些人真是他的好朋友。

也有人会怀疑，那是不是成绩差的同学都应该远离呢？这样岂不是成了歧视成绩差的学生了吗？倒也不是。这更多的是人格与品性的问题，而不是成绩的问题。比如，在电影《心灵捕手》中，威尔是一位数学天才，但由于家境不好，童年经历凄惨，有比较严重的心理问题，所以没有成为顶级数学家，而是过着社会底层的生活，一会儿当清洁工，一会儿在工地搬砖。他一天到晚混在一起的亲密朋友们也是在工地里搬砖的底层人士。和威尔一起搬砖的一个朋友名叫查克，他对威尔说过一段让人感叹不已的话，大致意思是：

> 我知道你是个天才，你和我们这些傻子根本不一样。20 年后我还会在这个工地上搬砖，但如果你还在浪费天赋、在这里搬砖，我真想杀了你。你应该兑现你的天赋，去更好的地方，过更好的生活。
>
> 你知道我什么时候最高兴吗？我每天去找你的时候，敲你的

门，真希望你已经走了，离开这个破烂工地，去更好的地方，就这么不告而别就好了。我不是聪明人，但我知道那样才是对你最好的。

你看，查克也是社会底层人士，但不会有人看不起他，因为他的本性是善良的，他算是一个真正的朋友。当你判断身边的“好兄弟”“好姐妹”到底值不值得深交时，不妨常常回忆一下这个故事。

第三，在常规朋友之外，你需要尽量结交两种人——那些高水平的人，以及拥有积极向上力量的人。

如果你多和那些成绩优秀的同学凑在一起，不知不觉中就会学到他们的优点。也许是他们某个好的学习习惯，也许是某种聪明的思考方式，又也许是某些深刻的观念、某些隐秘的优秀资源。总之，常在宝库边上晃悠，说不定什么时候就捡到一个宝贝。那些拥有积极向上力量的人也是如此，你会觉得他们身上闪烁着光芒、充满了力量，与他们待在一起常常让你觉得很舒服，变得更强大。

不过，如果你想与那些优秀的人待在一起，那你本身也需要比较优秀才行。物以类聚，人以群分，这是社会通用规则。

但在中学生的生态里，还有些可贵的、不同于成人世界的东西。比如在正常的社会里，越级向上交往的成本是非常高的，你想要结识那些很优秀、比你更厉害的人，往往要付出极高的代价。在学校里，一顿简餐、一本书、一次意外的对话，都可能是你与优秀同学交往的契机。

第四，争取老师的支持。这一点非常重要，而且与第二章的内容高度相关。

我们的教育体制决定了大部分学校的学习是由老师主导的，想要自主学习，大概率会遇到来自老师和学校的“阻力”。如果此时你不能和老师好好沟通、取得他们的支持，你的学习就会受影响。

总的来说，我们要重视自己所处的生态，意识到同学关系、师生关系是可以对我们的学习产生重大影响的。如果长期与那些优秀的人待在一起，指不定谁不经意间说的一句话就能给你带来很大的启发。因此，我们应当尽可能地挑选更好的环境，并努力使自己配得上这样的环境。

本章结语

能够管理和优化自己的信息源是拥有自主学习能力的表现之一，有此能力的学生不会被不合适的老师困住，适应力更强。当信息源更加广泛时，我们找到适合自己学习方式的概率也会增大。灵活应用四种信息源，尤其是教辅书这种特殊的信息源，会给我们带来极大的学习便利。

通过一系列的选择与方法，你可以构建一个良好的学习生态，尽可能从同学和老师那里得到最大的帮助，将这两种信息源的力量发挥到极致。不要忽视生态的力量，教育的复杂与玄妙往往就在其中。

一起来思考以下问题吧：

- 你已经使用了哪些信息源？它们能满足你的学习需要吗？
- 假设老师不适合你，你有能力构建自己的学习体系吗？如何进行？
- 你是怎样使用教辅书的？有可以改进之处吗？
- 你周围的同学和老师对你有怎样的影响？你准备如何应对？

第十章

精力管理

——建设高效的学习后勤部

正如打仗拼的是后勤，学习这种高度消耗脑力和能量的项目，最终也会升级到比拼精力的层面上。没有充沛的精力，你会发现任何学习策略都很难执行，高强度用脑更是无从谈起。你会意识到，精力管理本身，正是一种高效学习策略。

1

苦学者的误区

——为什么学霸往往睡得很早？

从毛坦厂到衡水中学

所谓“学海无涯苦作舟”，古代中国人对于读书和学习的传统认知是以苦为基础色调的。

这个古老的认知与今天的生活倒也还算贴近，因为中学生学习时确实是很辛苦的。这么多年来，我反复接触许多初中生和高中生，发现一个很有特色的规律——中学生的睡眠时间一年比一年短。初中生，最早的时候是晚上9~10点睡觉的，近年来已经延长到晚上11~12点；高中生一直是晚上11点以后睡觉，近年来已经延长到晚上12点，甚至更晚。很多高中生告诉我，他们经常凌晨一两点才睡觉，偶尔熬到三四点也不奇怪，所以从来不会被“你是否见过凌晨4点的洛杉矶”感动。

但更有意思的事情还在后面。我详细对比了各地的中学课本和考试试卷，发现不论是初中还是高中，课本难度和中考、高考的难度基本是在逐年降低的。比如初中数学，将圆相关的高难度知识章节——如弦切角定理、切割线定理、相交弦定理——都从课本上删掉了，所以相交弦定理和二次函数的综合性难题更不会出现了；三角形的内心、外心等内容的考查也变得更简单。在高中数学和物理等较难的学科里，很多内容从必修变成了选修，题型考查的难度也在逐年降低。比如数学中复杂的数列构造、不动点类题型不考了，圆锥曲线的参数设置越来越简单；物理中运动学、动量、机械能、电磁场综合类型的超级难题也不见了。

总之，随着社会上对中学生减负的呼声越来越高，不论是初中阶段还是高中阶段，学生要学习的知识点越来越少，考查的难题越来越少，然而学生的负担却越来越重，学习时间越来越长了。

由此可见，很多苦学的负担，并不是真正必要的，而是人为加上去的。到底是谁加的呢？学生、家长和老师都是参与者。当他们认为苦学很有必要、很有用时，就会主动增加苦的程度。

苦学的现象非常普遍，而又有两种地方尤其严重。第一种是高考压力极大的人口大省，苦学的程度会特别惨烈。比如河南、河北、山东等地，人口多、重点高校少，所以这些地方的高中生学习压力就会特别大，苦学现象严重；高中生的学习压力向下传导，又导致初中生的学习压力变大，跟随性进行苦学。

我曾听一名山东的高中女生描述身边的学习情况：班级里很多同学是凌晨 2 点才睡觉的，大家对此很清楚。有时候，她晚上 12 点就困了，但依然忍着不敢睡，因为心里太焦虑了，一想到其他同学还没睡，自己居然这么“早”就睡了，内心就会产生负罪感，于是要强撑着到 2 点再睡。哪怕看不进去书，做不进去题了，她耗时间也要耗到凌晨 2 点。

当苦学成了风潮，甚至成了心理安慰，真的很可怕。

第二种是县城重点中学。县城重点中学其实并不仅仅指县城中的重点中学，而是泛指一种教学模式。它指的是在县城和三四线城市的部分中学里，由于高质量师资和课程体系的缺乏，学校管理者只能选择通过给学生施加巨大的压力，逼迫学生苦学来提高成绩的教学模式。几十年前，第一批采用这种教学模式的学校尝到了一点甜头，然后这种模式就被不断发展，越来越多师资较弱的学校加入其中。在这种模式下，学生往往会经历下述多种体验：

一周有 6 天甚至 6.5 天的课程。

学校每天组织自习到晚 10：30 或者 11：00，然后回家或回寝室学习到 12：00 或更晚。

作业量极大，每天完成作业后几乎没有空闲时间，有时甚至无法完成作业。

学校管理严格，经常是军事化或者半军事化管理。

老师基本不重视学习方法，只强调多做题、多背题。

吃饭、走路、上厕所也不能停止学习，中学生随身带着小卡片学习，比如口袋里揣着单词卡。

……

其中，作业量大、睡眠时间短是苦学的核心指标。

几十年前此种模式的代表是毛坦厂中学，所以这种模式一度被称为毛坦厂模式。那时毛坦厂中学异军突起，以这种苦学模式取得了不错的成绩，一时跟风者四起。如果有人提出反对意见，跟风者就会反驳：“你看人家毛坦厂中学，效果多好！”于是反对的意见就无效了。后来毛坦厂中学风头过了，倡导苦学者就换了另一个代表——衡水中学，跟风者说道："你看人家衡水中学！苦学的效果多好，军事化管理多棒！"

很多学生告诉我，自己的学校就在执行苦学模式，校长声称，这就是他们从衡水中学考察回来得到的秘诀。学生一边写作业到晚上 12 点，一边不知道怎么抱怨，因为衡水中学确实大名鼎鼎，一名中学生实在没有能力去否定一种成名已久的模式。

只是一个小问题被很多人忽略了——其实衡水中学并不倡导苦学。

爱睡觉的学霸们

前文说过，苦学的核心指标是作业多与睡眠少，而这两者又是相关的——作业太多，所以睡眠极少。网络上常常又把衡水中学当作苦学的代表，可是到底有没有人研究过衡水中学的作息时间呢？

在很长一段时间内，我并没有专门研究过此问题，直到一名衡水中学的学生来参加我的课程。那名学生不经意间告诉我，衡水中学的作息时间为晚上 10：00 强制性熄灯睡觉，早上 5：40 起床——晚上睡眠时间超过 7.5 小时！中午还有 50 分钟的午睡时间——也是强制进行的。于是，她产生了一个小小的苦恼：睡眠时间太长了，有时候睡醒了不想睡了，还会被学校逼着睡觉，有点无聊……

这已经超过了国内大部分高中生所拥有的睡眠时间了，甚至对还处于身体发育期的初中生来说都很充裕了。与外界想象中的不同，衡水中学的学霸们不仅没有熬夜到凌晨一两点，甚至还睡得很舒服。他们优秀的成绩正是在这样充裕的睡眠时间中提高的。

这是偶然吗？

其实这并非偶然，而是共性，因为大部分学霸是睡眠爱好者。我当年读高中的时候成绩也不错，是班级第一、年级前五名。然而我几乎不熬夜，每天晚上大约刚过 11：00 就开始洗漱准备睡觉了，极少超过 11：30。我早上起得也不早，大概 6：30 起床，算下来一晚上大概有 7.5 小时的睡眠时间。我在中午还会午睡半个多小时。

不仅我如此，班上其他成绩优秀的学生也大多是早睡者。我的同桌是班级第二名，他每天晚上也是大约 11：00 睡觉。班级第三名貌似有点懒散，经常 10 点多就睡觉了。年级前十名的其他同学，但凡我沟通过的都是如此，晚上睡觉时间最晚不超过 11：30。

而在班级的中游水平学生里，晚睡的就多了起来。我还记得后面两排坐着一位长得很高大的男同学，喜欢做很多课外教辅书，一直做到凌晨 1 点，第二天一脸疲惫地走进教室继续苦学。我当时很佩服他能够那么勤奋，却总也不见他的成绩有所提升。在本市的二流高中里，晚睡者就更多了。我的初中同学有些进了那些高中，聚会时他们就向我抱怨，说学校作业太多，要每天晚上做到 12：30 才能勉强做完。

不仅我个人经验如此，在我从事教育行业以后，遇到了很多学生和老师，他们跟我交流时也表示，班级里的前几名学生都不熬夜，反倒是中等成绩的学生经常熬夜。在学生中，大多数学霸睡得较早，一般每天睡眠时间不少于 7~8 小时。

看来，学霸大多是睡眠爱好者，这是一种很普遍的现象。

然而我还有一个疑惑：对学霸来说，睡眠多和成绩好，到底谁是因，谁是果呢？有没有可能是因为他们智力超群、成绩优秀，所以不需要学那么长时间；而普通学生因为成绩没那么好，只能将勤补拙呢？

我们不仅需要上面的例证，还需要一个逻辑解释。

睡眠的意义

现在，让我们从理论上来探讨一下，睡眠是否能够成为成绩提高的原因。我们需要把相关性升级成因果关系。

先从求最值的角度来考虑，早睡和晚睡，哪个能给我们带来更高的性价比。

假设某学生最终的学习成果等于平均学习效率乘以学习时长，为了使最终学习成果得到最大值，我们有两个思路：要么提高平均学习效率，要么增加学习时长。当然，如果两个因素都能够提高是最好的，但这两个因素总体来说是负相关的。显然，如果你学习时间过长了，即睡眠太少了，那么平均学习效率就会降低。这有点像中学数学里二次函数求最值。

而所谓早睡与晚睡，以国内目前的中学教育环境来说，其实时间差别也没有那么大，大致为 1 小时。比如，同样是早上 6 点起床，那么晚上 11 点睡觉可以称为早睡，而晚上 12 点以后睡觉就算晚睡了，因此时间差距为 1 小时左右。而高中生每日的平均学习时长为 12 小时，所以延长 1 小时的学习时间，相当于一天的总学习时长增加了约 8.3%。换句话说，假设由于晚睡了 1 小时而导致精力不足，使得一天的平均学习效率下降了 7.7%，那么你的学习时间延长效果就被抵消了，甚至还会产生副作用。

7.7%，多么小！只要你由于犯困而在课堂上稍微走神了三四分钟，漏掉一个小知识点，你的学习效率就可能会下降 10% 以上！这还没有考虑即便你没有犯困，但由于睡眠不足导致大脑运转效率降低的情况。在大脑精力不足的时候，做 10 道数学题你可能就真正领悟了一两道，而在大脑精力充沛的情况下，你或许就能够全部领悟了——这种可怕的效率差距，需要用多少时间来弥补？虽然具体的数据很难精确测算，但根据经验我们可以明显感觉到，晚睡1小时所带来的平均学习效率损失，肯定不止7.7%。

实际上，学霸的总体逻辑应该是这样的：因为有充足的睡眠，所以精力旺盛，从而大脑清醒。于是他们专注力强，听课效率高，做练习时也不会走神。同时由于大脑精力充沛，他们的思考速度变得更快，原本需要2小时才能掌握的内容，现在可能只需1小时就掌握了。当总体效率提高后，他们就不需要学得那么晚了，进而腾出了更多休息时间，保证大脑得到充分休息，形成良性循环。

由于每个人的身心状况不同，无法建立细致的数学模型来确定那个精确的最值点，所以你不可能得到一个精确的数据。比如对某名学生来说，一定要睡8.15小时才能获得最大学习成果，如果睡了8.05小时或者8.25小时，那学习效率就降低了。但根据大范围的实践经验来看，我们可以有一个大致的区间，这就是我们在第八章中曾提到的作息安排。初中生适合在晚上9：30~10：00入睡，随着年龄和学业压力的增大，入睡时间逐渐变晚，高中生适合在晚上11：00~11：30入睡，或者略早。在特殊情况下可以灵活调整。

除此之外，我们还可以从大脑生长规律的角度来论述早睡的好处与晚睡的害处。

传统的认知是白天我们清醒的时候在学习，大脑在吸收知识，而睡着了以后，随着学习行为停止，大脑就不工作了，只进行休息。由于这个认知，很多人认为减少睡眠时间用来学习是可行的。但近年来的脑科学研究发现，学习的过程不仅发生于人清醒时，也发生于人睡眠后。当我们进入深度睡眠后，白天学习新知识时所活跃过的脑区域将再次活跃起来，即大脑在自发地进行信息加工和巩固。如果缺乏这个过程——比如当天晚上熬夜严重——那么到第二天时，大脑就会陷入混乱、遗忘。

所以，缺乏睡眠不仅会影响一个人第二天的精力，降低其第二天的学习效率，还会损害其大脑细胞的正常运转，从而影响当天所学知识的记忆！就像白天学习的过程是用水泥砌墙盖楼房，夜晚睡眠的过程是在等待水泥彻底干透，等墙面稳固，而熬夜就相当于把还未干透的水泥去除，把白天建好的楼房拆掉。

理解了这一层，我们就不由得开始替那些熬夜学习到凌晨一两点甚至两三点的学生感到惋惜了。他们以为，到凌晨一两点了还在学习，虽然大脑没那么清醒，学习效率没有那么高了，但总比没学强，还是有勤能补拙的效果。实际上，他们早已进入负效率的阶段，导致越学效果越差，比没学效果更差，见图 10–1 与图 10–2。

其实睡眠对人体的好处有很多，在生病的时候，身体免疫系统的工作在睡眠时达到高峰；在青春期长身体时，深度睡眠还能促进生长激素的分泌。人体的很多重要功能都在睡眠时进行，脑细胞的生长和结构重组正是其中之一。

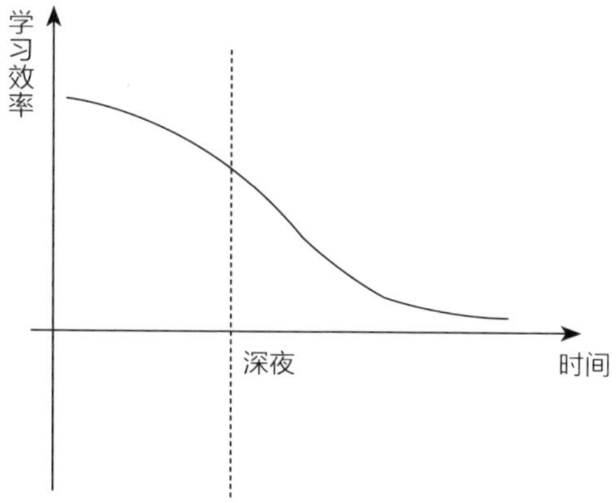

图 10–1　理想的熬夜学习效果图

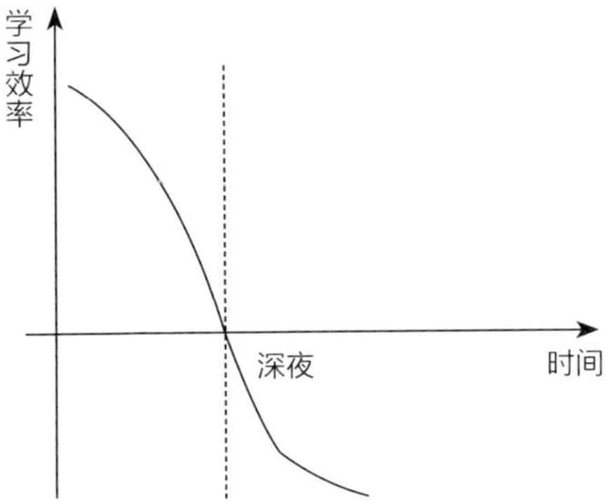

图 10-2　实际的熬夜学习效果图

现在我们可以得出结论了，熬夜学习是绝不可取的，它只能带来情绪上的自我感动，而不会产生实际的学习效果。甚至，充足的睡眠本身就是一种高效学习策略，以它为起点，能够依次推进精力、专注力、思考力和学习力。

此处又可以联系第三章所讲的高强度用脑。我们已经知道，高效学习离不开高强度用脑，而高强度用脑又会消耗更多的大脑能量——你凭什么有更多的能量以供消耗呢？充足的睡眠正是其中的保障。对于一个善于提高用脑强度的学生来说，充足的睡眠犹如激烈战争时的后勤保障部一样，在持久的战争中，决定胜败的常常是后勤。

2

运动对学习有帮助吗？
——运动改善大脑的四个维度

“生命在于运动”之类的口号早已普及了，几乎所有中学生都模糊地知道，运动是件好事。不过，运动究竟好在哪里呢？对于中学生来说，最重要的事情是学习，是中考、高考。如果运动对学习有好处才是真的好，否则，那种好就是虚弱无力的。

很多中学生内心的真实想法是，虽然体育锻炼能够让身体变得更健康，但就算不锻炼一般也不会得重病，所以身体更健康的那一点好处其实也没有那么重要。他们认为省下体育锻炼，腾出更多的时间来学习，那才是有意义的。再加上在我们的中学里，体育老师常常“被迫”生病或者请假……所以国内中学生的体育锻炼时间总体上是很有限的。

在阴沟里翻船的学生

年轻人的身体基本比较健康，在大部分情况下，即便他们不主动锻炼，也不会出现癌症之类的重病。出于这样的想法，很多学生和老师就会忽视体育锻炼。然而存在这样想法的人多了，就会出现学生在阴沟里翻船的状况。

大病不会得，小病却经常能给你带来意想不到的麻烦。在我十多年的教育研究和教学生涯里，遇到过很多被小病困扰的学生案例。一名高中女生由于小时候抗生素打多了，身体底子很差，一到秋冬季节就很容易感冒、发烧，有时还会引发肺炎。她在暑假参加完我的学习策略课程后，9 月和 10 月在学校取得了巨大的学习进步，兴奋地向我汇报自己的成绩。然而从 11 月，她开始频繁生病，每个月至少有一半时间是在医院度过的，导致她根本无法安心学习。于是成绩直线下滑，她之前在学习上的努力全部白费了。

曾有一名高中男生向我反映，自己学数学的时候状态不稳定，有时头脑清醒，有时头脑发蒙，稍微难的题怎么都不会做，甚至对着答案都不太能看明白。他甚至还出现了很奇怪的现象，持续很多年了，总是下学期的期末考试成绩比较好，而上学期的期末考试成绩则会特别差。他很沮丧地问我，是不是自己太笨了，根本不适合学数学。我问了他很多背景问题，也对他的学习状态进行了整体性排查，居然没有找到明显的影响因素。直到我忽然注意到一个细节——他跟我说话时，有时候在用嘴巴呼吸。

顺着这个细节进一步挖掘，我终于找到了根本原因。原来，他有慢性鼻炎，犯病时会出现严重的鼻塞，进而引发头部缺氧、头晕。在这种状态下，他的大脑根本没法进行高效思考，于是出现了他学数学时状态不稳定的情况——鼻炎一犯，状态就差了。鼻炎发作多半是在秋冬季节，所以他那段时间的学习效率就会特别低，进而在冬季——上学期的期末考试成绩很差。进入春夏季节以后，鼻炎的犯病率降低，学习效率上升，于是夏季——下学期的期末考试成绩变好。

好几年了，他一直在怀疑自己学习不好是因为智力不行，却没想到真凶居然是鼻炎！

还有一名学员曾向我反映，她上课听讲时效率特别低，经常听着听着就走神了。这是她的老毛病，从初中时期就有了，一直持续到高中。走神就是专注力不够，所以她从初中开始一直在做提高专注力的练习，比如舒尔特注意力表格训练，可是练了几年也没什么效果。我帮她分析上课走神的可能原因，比如从小的学习习惯、娱乐习惯，老师讲课的风格等，一项项核查下去发现，她在这些方面居然都没有问题，走神的问题仿佛是凭空而来。

随后我盯着她看了一会儿，发现她的站姿有点奇怪，有驼背和自然蜷缩的倾向；又留意到她整个人偏瘦，且面色不太好。于是我询问她每天睡眠质量如何、精力是否旺盛。她告诉我，自己在学校的学习压力并不大，作业也不多，睡觉时间也比较早，但就是感觉没有精神。她还怀疑自己是不是潜意识里有厌学的倾向，所以哪怕休息好了也没精神听课，连她的父母也怀疑她厌学情绪太重了，老师则经常批评她，要她端正学习态度。

而此刻我终于问出了核心问题：你是不是胃有问题？有没有出现厌食、积食的情况？

原来，她从初中开始就在学校吃饭，经常不吃饭或者吃得很少，省下钱去买玩具、买零食，于是胃部落下了病根。后来，她也发现了不吃饭会导致胃痛，改变了不良的吃饭习惯，但由于运动太少和临近中考时压力很大，她的胃病越来越严重。到了高中以后，她继续保持不运动的习惯，每天 12 小时坐在课桌前，即便吃了很多治疗胃病的西药，情况依然难有好转，症状就是胃部消化能力弱，东西吃多了不消化，于是每餐只能吃很少。进而，她的身体能量变少，肢体形态差（驼背、自然蜷缩）和面色不好是这一状态的佐证。当身体能量变少时，大脑的能量当然也少了，会无法集中精力听课、学习。对她来说，走神本质上是大脑的自我保护，避免本就不够用的能量被进一步消耗，类似于笔记本电脑快没电了，于是自动进入待机节能的状态。

花了很多钱补课、搞专注力训练，学习成绩依然上不去，没想到竟然是胃病惹的祸。

在我做学习策略咨询的过程中，经常要像侦探破案一样，透过蛛丝马迹去寻找问题表象背后的真实原因，而那真实的原因往往和人们所想的相去甚远。对于一心扑在学习上、为提高成绩不惜付出任何代价的中学生来说，居然因为这些身体上的小毛病给学习带来了严重的影响，让他们的努力付诸东流，可算是在阴沟里翻船了。

在中学生群体里，最常见的毛病就是鼻炎和轻微的胃病。这些都不是什么绝症，却能给学习带来毁灭性打击。而这些小毛病，其实只需要他们保持日常的运动习惯就能避免。

总结一下，运动能让我们远离鼻炎、胃病之类的小毛病，从而避免在阴沟里翻船，这对中学生来说是最显而易见的好处了。

运动改造大脑

另一个问题是，如果我们没有鼻炎、胃病，也没有其他疾病，还需要运动吗？

在缺乏运动的中学生群体里，没有疾病的中学生还是占了大多数的。他们的身体看不出有什么问题，平时也没有哪里不舒服，体检数据也完全正常。这些中学生是不是就不需要运动了呢？毕竟他们的学习那么紧张，时间可是无比宝贵的。

近几年的医学研究告诉我们[①]，运动对这样的中学生来说依然是必要的，因为运动的益处不仅仅是保证身体健康，还包括作用于大脑，提升大脑的多方面功能。

第一，运动能增强专注力。

几年前，一对夫妻带着他们正在读初中的儿子找到我，想要进行学习策略方面的咨询。这名男生有比较严重的专注力问题，小学时去医院检测，医生就诊断出他有轻度的多动症，并建议使用药物治疗。吃了一年多的药物以后，他的多动症缓解得并不明显，却出现了强烈的副作用，父母在恐慌之中便让他停药了。停药之后，副作用逐渐消失，但多动的症状还保留着。于是，这名男生听课效率低，做作业很慢，并且成绩落后。他的父母问我，有没有什么特殊的学习方法适合这类专注力特别差的学生。

我的建议是让他进行高强度的体育锻炼，要把体育当成主课来进行。在一段时间内，如果他的学校作业和体育锻炼产生了时间冲突，甚至要牺牲作业时间来进行锻炼。这名男生原本的体育锻炼仅限于一周 2 节体育课，平均每天不足 15 分钟。他的父母接受了我的建议，要求他每天的锻炼时间不少于 1 小时。根据他的运动偏好，晴天以慢跑和打篮球为主，雨天则以室内跳绳和仰卧起坐为主。半年之后，他的专注力得到显著提升，上课听讲基本没有障碍了。与此同时，他的成绩也从班级 40 多名上升到 20 名左右。

即便是那些没有多动症的学生，在建立了日常锻炼的习惯后也会明显感到专注力得到提升。我的很多学员在听到我论述运动的好处后，也

---

① 约翰 · 瑞迪，埃里克 · 哈格曼. 运动改造大脑［M］. 浦溶，译. 浙江：浙江人民出版社，2013.

开始加强日常体育锻炼，如慢跑、平板支撑等。几周之后，他们普遍感到专注力更强了，听课时不会走神，做练习题时由粗心导致的各种错误也减少了。

第二，运动促进大脑学习时的活跃度，提高学习效率。

德国的研究人员发现，人们运动后再去学习，效率比直接学习要提高20%以上[①]。研究人员推测，这种效率提高与一种名为BDNF（脑源性神经营养因子）的蛋白质有关。这种蛋白质在大脑内活动，负责建立和保养神经细胞回路，如同修路和养路的工人一样。而运动能够增加此种蛋白质的数量。

研究结果与我们的生活经验高度相符。很多中学生养成了运动习惯后，都感觉大脑的活跃度变高了，甚至感觉自己变聪明了、反应更快了。一名学员告诉我，原来学物理时，总也想不通那复杂的运动过程和受力情况，自从坚持锻炼身体后，很神奇的是，那些原本想不明白的物理题居然开始变得简单了！

第三，运动能够改善成瘾行为。

很多中学生受到手机的困扰，比如学习前拿起手机看一下时间，结果不小心看到一个软件，一不留神就顺手点开了，然后一个链接接着一个链接，不知不觉就在某些小说和漫画网页上停留了几个小时。

使用手机越久，手机瘾越重。很多中学生一边后悔自己在无意义的手机娱乐上浪费了几个小时，一边又控制不住自己，一有机会就玩手机，然后继续后悔。在晚上回家、周末放假以及寒暑假时，中学生的学习效率会普遍降低，其中手机成瘾就是主要原因之一。

这一点倒不完全是中学生的错，因为手机上的各种软件就是以“如

---

① 约翰·瑞迪，埃里克·哈格曼.运动改造大脑［M］.浦溶，译.浙江：浙江人民出版社，2013.

何能够让你上瘾”为原则来设计的。瘾症一旦形成就很难戒除，要想戒除往往需要付出很大的代价。但幸运的是，我们找到了一种代价很小的戒除瘾症的方法——运动。大量的医学研究发现，高强度的运动有很好的戒除瘾症的效果。对于戒除网瘾等程度较轻的瘾症，效果则更加明显。

如果你在网络上查找那些咸鱼翻身、堕落者变得成功的案例，看当事者写下的感人至深的心路历程时，你往往会发现这样的情节：一开始他们沉迷于玩游戏、玩手机、吃外卖，过得无比消极，通宵打游戏或者看电影是常态。某天他们洗心革面，开始使用各种手段改善自己的状态，想要戒除瘾症，并努力学习或者工作，最终取得成功。而在那些改变自己状态的手段中，最常见的就是运动。在早期，他们通常会立下誓言，再也不沉迷于游戏和手机，但这样的誓言过不了几天就会失效。而随着运动习惯的养成，即便他们不再发誓，那些瘾症和不良的习惯也自然消失了。大量类似的案例告诉我们，运动对于改善成瘾行为十分有效。

第四，运动改善情绪。

由于长时间高压学习，中学生常常被负面情绪困扰，而且这种情况很难用常规方式解决。在正常情况下，我们的思路是先查找问题的原因，然后把这个问题解决掉。

但对于中学生的负面情绪，这个解决思路不好用。因为中学生的负面情绪常常从学习中来，而学习问题在短期内并没有那么容易解决，甚至负面情绪本身又会降低学习的效率，于是产生恶性循环。这种恶性循环很难被打破。

而运动恰好是一种缓解负面情绪的强力手段。心理学研究早已证实，运动对压抑、焦虑、愤怒、自卑等常见负面情绪都有巨大的改善作用。假设有一名叫作舒田的学生，她学习不好、人缘寡淡，在群体中被人无视乃至被欺凌，于是产生了严重的压抑和自卑情绪。这些负面情绪又进一步成为她学习变差、交际弱势的原因，形成死循环。那么她该怎么办呢？学习不好和人缘寡淡的问题都不好解决，而她又需要处理这些负面情绪，改变自己的精神面貌，给解决学习和人际问题腾出空间。那么她就可以通过运动来发泄这些负面情绪，制造突破口，打破恶性循环。

另外，大量中学生的日常经验也验证了运动改善情绪的说法。比如，心情非常烦躁郁闷、完全静不下心来学习的中学生，与同学一起打了 1 小时篮球后，立刻感觉烦躁情绪缓解了很多。

3

构建适合中学生的运动体系

——以最具性价比的方式提升精力

既然运动的好处如此之多，那么中学生该做什么运动呢？

总体上，几乎做任何运动都比完全不运动好。不论是打篮球、踢足球，还是在室内做俯卧撑，都能起到一定的锻炼作用。但中学生的时间太紧张，以至于连运动都要精确地计算性价比，那么如何才能实现既促进学习又锻炼身体这一目标呢？

首先，选择锻炼方式就是一门学问。坚持锻炼身体这件事情，原本失败率就比较高，能真正坚持下来的人比较少。而中学生群体恰恰时间又很紧张,缺乏锻炼机会，于是锻炼的中断率就更高了。比如，一名中学生的运动规划里只有慢跑，且坚持得很辛苦，时常想要偷懒放弃，但还能勉强用意志力克服自己的惰性。一旦遇到下雨天，无法外出慢跑了，那么他积压已久的惰性就会借着这个非常正当的理由突然发作——唉，下雨了，今天就不锻炼了吧？中断两三天以后，那些建立到一半的运动习惯就会戛然而止，然后彻底崩坏。

所以我们最好有一套运动方案，能够解决大部分中学生尝试坚持运动时所出现的常见问题。运动方案至少要满足以下几个要求：

第一，要有明显的运动效果，能够起到调节状态、提高大脑运转效率的作用。对中学生来说，以运动促进大脑运转，进而促进学习才是核心。那些能锻炼肌肉但对改善大脑效用较弱的运动不做优先考虑。

第二，要考虑中学生的学习环境和学习节奏，方便灵活，容易执行。中学生的时间紧张，且运动空间限制较大，没有健身房和各种方便的器材。所以，要在有限的条件内构造最有价值的锻炼方式。

第三，要易于坚持，降低中断率。比如要做障碍准备计划，遇到下雨、刮大风、室外温度过低等特殊情况该怎么办？只有考虑到这些情况，才能避免给自己找理由、被本能的惰性牵着走。

要同时满足上述三个要求并不容易。依据目前医学和脑科学已有的经验，结合多年的实践，再考虑到中国的教育环境，我对大部分中学生做出如下运动建议：

（1）以慢跑作为室外核心运动方式

慢跑是一种效果不错、操作极为简单方便的运动方式，几乎没有任何条件限制。只要不下雨，中学生就可以绕着学校操场跑。平均来讲，每天 1 000~2 000 米的慢跑运动比较适合中学生，身体较弱者可以从 400 米、800 米起步，然后逐渐增加到 2 000 米。

考虑到易于坚持、降低中断率的要求，跑步里程的增加要比较缓慢才行，越是突兀而迅速地增加难度，越容易导致运动中断。比如，一名身体较弱的中学生，十分想要提高身体素质、改善精力状态，于是第一天跑 400 米，第二天跑 800 米，第三天直接跨越到 1 500 米以上，那么他很有可能在第四天跑步时感到非常吃力、痛苦，放弃锻炼计划。如果他较为缓慢地增加强度，比如跑 400 米持续一周，然后跑 800 米持续一周，跑 1 200 米再持续一周，直到第四周才增加到 1 500 米以上，这样缓慢地增加跑步里程就更容易坚持。中学生在实际操作中甚至可以更加平缓，不求快速提高，但求长久坚持。

（2）以跳绳、深蹲、平板支撑等作为室内核心运动方式

在慢跑之外，我们还必须有几项室内运动以供选择，否则碰到雨雪天气就有可能被迫中断运动。某些地区的雨季一旦到来，甚至有可能持续几个月；北方地区连续几个月是大风和极寒天气，也根本没法进行室外运动。所以，如果不提前做好一些室内运动准备，那么锻炼计划根本没法进行。

在室内锻炼时，依然要以有氧运动为主，以单纯的肌肉训练为辅，或者忽略肌肉训练。跳绳是一项比较容易操作的有氧运动，可以提升全身协调性和身体灵活性，适合大部分中学生在室内进行。如果部分住宿的同学发现跳绳也不方便进行——比如可能会制造噪声，还可以选择另一项操作更加方便的运动方式——深蹲。

提到深蹲，很多人会想到它最明显的好处——锻炼大腿、臀部和大腿后肌。健美爱好者还会特别重视深蹲对减肥和塑造臀部线条的突出作用。不过这些好处对于中学生来说并不是最重要的，这项运动对于促进下肢血液循环的强大功效才是中学生最需要的。

慢跑、跳绳和深蹲这三项运动是我特别推荐的，一个重要原因是它们瞄准了中学生的一个特性——久坐。他们每天坐着的时间接近 12 小时，下肢活动越少，血液循环越差。当下肢的血液循环变差，积累几个月、几年，那么脾胃就会逐渐出问题，导致精力变差。为了弥补久坐且下肢少动的缺点，中学生就特别需要下肢的强化运动。

我很推荐的另一项运动是平板支撑。平板支撑是一种强化训练腰背力量的动作，瞄准的则是中学生腰背活动少的特性。久坐不仅造成下肢活动少，腰背也一样得不到活动。同时，大部分中学生在久坐的时候会驼背，对腰背的伤害也很大，而平板支撑则能够解决上述问题。

（3）以各类拉伸运动和头肩部活动作为课间锻炼方式

在流程策略中我们就提到过，中学生在课间最好去操场或者走廊上活动一下，这样对下节课的学习会有帮助。那么课间做什么活动好呢？

长时间坐在教室里学习，一方面会令身体蜷缩，另一方面会降低大脑的运转效率，因为人口密集的教室里含氧量本来就低，冬季关上门窗以后就更低了。针对这样的特性，我特别推荐中学生进行各类拉伸运动。拉伸运动的方向与蜷缩的姿态对立，旨在把身体的筋脉拉伸开，活动关节，加速血液循环。由于拉伸的动作特性，你会自然而然地加大呼吸深度和进氧量。在合适的拉伸运动过后，你会感觉大脑明显变得更清醒，下节课的学习效率变高。

头肩部的活动也有必要。久坐且低头看书，时间长了以后，中学生的颈椎会逐渐变僵硬，血液流速变缓，大脑的供氧、供能变差，思维效率和记忆效率降低。针对这个特性，我们需要加入一些头肩部的活动，比如头部绕圈、旋肩疏颈、肩部绕圈等（拉伸活动和头肩部活动的详细操作说明，可以在公众号【学习策略师】中回复关键词“课间活动”查看）。

其实，不论是课间活动还是其他时间的运动，如果你掌握了这些运动的设计逻辑，也可以不必拘泥于运动本身。从设计逻辑上讲，中学生久坐、蜷缩、低头造成了颈椎、肩膀、腰背的僵硬和下肢血液流通不畅，只要你选择的运动能够解决这些问题就行了，可选的范围其实很大。比如，某些瑜伽动作和太极拳等训练已经被证实能有效解决上述问题，你也可以选择这些去练习。只不过它们的操作比较复杂，我就不做专门介绍了。在一般情况下，慢跑、跳绳、深蹲等项目已经足够解决大部分中学生的身体问题了。

(4) 以兴趣爱好类运动作为灵活补充

篮球、足球、羽毛球等多种体育运动，趣味性很强，在中学生群体里中有广泛的爱好者。这些运动对中学生有帮助吗？从构建辅助学习、调整状态的运动体系的角度考虑，中学生应该练习这些运动吗？

答案是应该。

这些运动对身体健康和大脑状态的改善有一定的帮助，并且它们往往属于个人兴趣爱好或集体活动，所以练习这些运动会对他们的情绪有积极的调动作用。另外，很多没有运动习惯的中学生，在最初尝试建立运动习惯时，面对比较枯燥的慢跑、深蹲等项目时，是很容易放弃的，而进行这些趣味性更强的运动就更加容易坚持，所以对于尚未建立起运动习惯的中学生来说，可以起到良好的过渡作用。

这四大类体育运动构成的锻炼体系，已经能够帮助大部分中学生保持身体健康和改善大脑状态了。

本章结语

体育运动是中学生很容易忽略的一个板块，因为大部分中学生对运动的认知都是它可以促进身体健康，但对学习没有帮助，所以可以在时间紧迫的中学时期进行战略性放弃。然而本章告诉你的是，我们应当从精力管理、改善大脑状态的角度去看待运动。

即便不考虑健康本身，合理的运动对学习的促进作用也是巨大的。它能够改善大脑的状态、提升精力，为高强度用脑奠定生理基础，进而让各类学习策略的使用更加高效。

一起来思考下这些问题吧：

- 你认为运动会耽误学习吗?
- 你有日常运动习惯吗？运动后你感觉状态如何?
- 你会因为什么放弃运动？这些原因可以解决吗?

后 记

在本书的最后，我想与大家聊一聊我的个人经历与未来规划。

我从事学习策略研究的经历比较特殊。在高中时期，我早早地遇到自己的瓶颈，卡在距离清华、北大分数线还有 10 分左右的地方就再也冲不上去了。这个瓶颈的形成可能与我出生在一个教育资源贫瘠的小城市有关。一方面，当地最好的高中教育水平也很一般，师资薄弱，这在很大程度上限制了我的突破。另一方面，我的无法突破也与学习策略有关。我在高中时并不懂什么学习策略，连基础的结构化都不会做，基本停留在死记硬背、刷题和本能思考的原始学习方式上。当时我还处于不知道自己有什么缺失的阶段，甚至没想过世界上还存在“学习策略”这种东西。在长达两年的时间里，我只是持续地郁闷着、疑惑着，怀有一种自己既然生在这种小城市，又不是天才，命中注定无法考进清华、北大的无奈情绪。

当我去北京读大学时，见到了来自五湖四海的同学，接触了互联网，接触了北京的社会氛围与教育资源，那时我才突然醒悟，原来学习也是有策略的。比如大一接触了思维导图，我忽然惊醒，意识到这种方法对我当年学习生物会有很大帮助（生物是我在高中时不擅长的一门课，经常扣十几分）。我感慨不已，心想如果能早点遇到思维导图，对我产生微小的帮助，是不是就能弥补我差的那10分左右了呢?

我又激动地想，这才刚开始搜集信息、了解世界，我就遇到了思维导图，那么我继续研究，会不会发现更多的学习策略呢？于是当年我对高考无穷无尽的遗憾，转化为我研究学习策略时无穷无尽的动力。

在大学期间，我几乎将所有精力投入到对思维方法和学习策略的研究中，所花心思甚至远超我的专业学习。我学习了教育学和认知心理学的专业课本，阅读了大量书籍和文献；根据查理·芒格多元思维的理念，将各行各业中有效的思维模型与理念向教育行业转化迁移。从那时开始到现在，我阅读的思维类和教育类的书籍已经近千本，我基本读遍了教育领域常见的思维类书籍。

理论不能脱离实践，所以在实践的道路上我也没闲着。大学毕业后，我强行克服了巨大的家庭阻力，脱离本专业限制，跳到教育行业中，以达到理论与实践相互验证、融会贯通的目的。我开始去学校当老师，进入一线教学。我当老师的经验也很特殊。我并没有选择在一家学校工作，而是以学习、研究、成长为导向，不停地跳槽。我想要打通人的成长逻辑，想要了解人的成长全貌——生理、心理、思维、学科等，而这只能通过不断地切换学校来进行。

比如，我想要了解低龄学生的成长规律，那就得去小学进行观察和实践。为了加速这一实践过程，我经常选择寄宿制学校，选择全天候陪伴学生的特殊教育模式。我与低龄学生同吃同睡，早上6点叫醒睡在我下铺的7岁小男孩儿，带他们锻炼，然后上文化课，督促他们吃饭，下午一起进行体育锻炼，晚上安排他们写作业与阅读，一直到晚上9点安排他们睡觉。之后，我开始一天的梳理和反思，想想今天学到了什么，有什么收获，一直持续到晚上11点左右。广受抱怨的“996”工作模式，与我早年的经历比起来，实在是太小儿科了。

这些七八岁的学生表现出了不少特点，那么这些特点是怎么来的呢？以后又会怎么演化、形成什么结果呢？前一个问题需要回归家庭，了解学生的家庭结构与成长背景，于是我一直保持着与学生家长密切沟通的习惯。后一个问题则需要观察9~12岁的学生，于是我一边带自己班上的学生，一边经常观察其他学生，并和一些带班老师交流。几个月后，我感觉自己针对七八岁学生的工作经验与理论知识差不多融会贯通了，就向学校申请，转去带9~12岁的学生，然后重复同一过程。

等到我把小学阶段学生的规律摸透了，就换个初中学校去任教，去了解青春期早期的学生在身体和思想上有什么特点，如何与他们打交道。初中阶段搞定了，我就再换个学校，去研究高中阶段。

同时我还要横跨不少学科。由于我的研究着重于人的身心成长和思维规律，而思维在不同学科上有不同表现，所以我在教学时教过很多学科——语文、数学、英语、科学、历史、电影课、社会体验……在不同的学科中去摸索，思维有怎样的规律。有时候我还会把思维和人的其他维度联系起来——某些家庭背景会形成学生特定的思维模式，某些成长经历会导致学生特定的思考习惯……

如此过了几年，我已经将6~18岁的学生教过一遍了，并且这样的教学不是蜻蜓点水，是日夜与学生们相处得来的深入了解。我常常静静地观察学生并思考，他的一个表情背后是怎样的思想波动？与同学的一次争吵又能追溯到他父母身上的哪些影子？他今天学数学的困难是来自知识还是思维？他写作文遇到的障碍是缺乏体验还是没有技术辅助？短期的情绪波动会造成怎样的学习结果？长期的信念扭曲又将导致行为的哪些异化……

这样的工作模式，好处是所带来的人的成长是极为迅速的，在短短几年之内就形成了我对学生与教育的深刻理解，基本将我之前所学的理论印证完毕，做到理论知识内化。当然它也有坏处，那就是非常劳累且奔波。为了实施上述高速成长计划，我不仅每天工作量很大，而且不得不在5年之内7次搬家，每次都是跨省、跨市……可以说过得颠沛流离。

对学生的成长足够了解后，我又开始琢磨我国教育界的宏观状态，为此，我想办法进入了一家影响力较大的教育智库。在那几年里，我一方面在教育智库继续进行思维方法和学习策略方面的研究，另一方面还担任一本教育杂志的执行主编，每天接触各类优质教育案例，并选择其中优秀的学校和老师进行现场调研和深度采访。同时，我还兼顾培训工作，给各地的骨干教师、校长和教育局工作人员讲课培训。

在这个岗位上，我对中国的教师、学校和整个教育界的特性、状态和变化趋势都有了较为深入的理解。等到这方面的理解基本构建完毕后，我从教育智库辞职，开始从事学习策略方向的教育创业。

在随后的几年里，我的主要工作是向学生教授各种思维方法和学习策略，帮助他们提高自己的学习效率。这套体系的实用性很强，帮助很多学生解决了学习中存在的问题，因而收获大量好评。在此过程中，我的身份是一位技术专家，引导学生离开学习的误区，为他们提供解决学习问题的技术方案。这样的身份与行为对学生和社会都有一定益处，因此我将课程的部分内容写成此书，希望帮助到更多的学生。

不过随着时间的推移，我在近几年又逐渐意识到，仅仅靠技术传播对学生和社会的帮助还是有限的，我还应该做更多的事情，也可以做更多的事情。曾有一名高中生找到我，说自己过得很痛苦，家庭环境不好，父母不理解自己；学校也比较差，老师的教学水平一般；同学关系也很乱；自己学习压力大，没有信心，对人生感到迷茫，又很孤独。很多时候，他知道应该怎么去学习，但他缺乏动手去做的力量。

显然，单纯的学习策略并不能让他走出困境。学生在学习中遇到的困难，有些时候不是学习策略的问题，而是情绪的问题，是信念的问题，是内心迷茫、痛苦、孤独、无助的问题。又或者，由于有情绪、信念等问题的干扰，即便学会了相应的学习策略，他也用不出来。

当几百、几千名这样的学生通过各种渠道找到我以后，我不得不开始思考，如何才能帮助他们？如果我想要帮助更多的学生，我还需要赋予他们技术之外的力量，比如文化的力量、信念的力量。但这些都是来自天南海北的学生，很多人我见不到，我也很难像早年线下教学一样在生活和学习中慢慢引导、帮助他们。隔着网络，我能想到什么办法呢？

这对我来说是一个新的课题与挑战，思考了很久之后，我相信自己能够做好它。2020 年，我发起了可以通过网络进行的公益性项目——“进击的学霸万人成长计划”，向更多的学生提供综合性帮助（在公众号【学习策略师】中回复关键词“万人成长计划”可以查看）。

同时，我也在筹备下一本书。在下一本书中，我将不仅是一位技术专家，更将成为一位文化传播者。实际上，在本书中我已经为下一本书埋下了不少彩蛋，细心的你能找到吗？

十年树木，百年树人。一个人从懵懂小儿成长到风华正茂，需要很多外力的辅助。我愿陪伴更多的学生走过人生学业发展和心智发展的关键几年，并为他们提供技术与文化的辅助，这是我的人生意义。

在看过了太多学生的迷茫与痛苦之后，我由衷地祝愿所有学生都能变得越来越强大，远离痛苦，并且学业有成。希望本书能对此有所帮助。

我们下一本书再见。